这就是中国历史

元 草原征服者

何孝荣 主编

化学工业出版社
·北京·

图书在版编目（CIP）数据

这就是中国历史.元：草原征服者/何孝荣主编.—北京：化学工业出版社，2020.8（2025.4重印）
　ISBN 978-7-122-37133-1

Ⅰ.①这… Ⅱ.①何… Ⅲ.①中国历史-元代-少儿读物 Ⅳ.① K209

中国版本图书馆CIP数据核字（2020）第091577号

责任编辑：丁尚林　马羚玮　　　　　　　　文字编辑：刘　璐　陈小滔
责任校对：刘曦阳　　　　　　　　　　　　装帧设计：尹琳琳

出版发行：化学工业出版社（北京市东城区青年湖南街13号　邮政编码100011）
印　　装：中煤（北京）印务有限公司
787mm×1092mm　1/16　印张12　字数177千字　2025年4月北京第1版第12次印刷

购书咨询：010-64518888　　　　　　　　　售后服务：010-64518899
网　　址：http://www.cip.com.cn
凡购买本书，如有缺损质量问题，本社销售中心负责调换。

定　价：39.80元　　　　　　　　　　　　　　　　　　　　　版权所有　违者必究

目录

导读　历史是这样的......1

兴起朔漠......2

蒙古起源的传说............... 2

五箭训子........................ 5

成吉思汗统一蒙古............ 8

野狐岭之战.................... 13

成吉思汗西征................. 18

政治家成吉思汗.............. 22

成吉思汗之死................. 24

成吉思汗的继承者........... 28

蒙古四杰和四獒.............. 33

"神仙"丘处机............... 39

元初名相耶律楚材........... 42

元朝的诞生............... 47

兄弟争位........................ 47

襄阳之战........................ 51

李璮之乱........................ 54

东征日本........................ 58

贤德的皇后察必.............. 63

马可·波罗.................... 65

尼波罗巧匠阿尼哥........... 69

理财师阿合马................. 72

赛典赤治理云南.............. 76

刘秉忠和元大都 79
勇于创新的郭守敬 82
名儒郝经 86
许衡不食无主之梨 90
良吏胡长孺 94
黄道婆制棉 98
关汉卿与《窦娥冤》....... 101

元代中期 107
皇孙继大统 107
兄终弟及 112
南坡之变 120
书法家赵孟頫 124

王实甫与《西厢记》....... 129
马致远与《汉宫秋》....... 133
心系百姓的张养浩 136
从儒转医的朱震亨 140
理学家吴澄 143
汪大渊下"西洋" 146
爱梅的诗人王冕 149

元朝末期 153
权臣伯颜 153
红巾军起义 158
奇皇后乱政 162
退守漠北 166
元朝最后的大将 169
大元御史苏天爵 174
诗人杨维桢 178
脱脱修史 182

历代帝王世系表 188

历史是这样的

蒙古起源于哪里？

一代天骄成吉思汗到底有多厉害？

大元的地盘那时候有多广阔呢？

如果你有过这些疑问和思考，那么非常欢迎你和我们一起推开元朝历史的大门。

我们中华文明有着五千年悠久的历史，其中有很多有趣的故事，也有很多前人总结出来的经验和智慧。

学习这些历史不仅可以拓宽我们的视野，丰富我们的知识面，还能使我们更加明事理。

唐太宗曾说过："以史为镜，可以知兴替。"

哲学家培根也曾说过："读史可以使人明智。"

为了方便小读者们了解真实的历史脉络，对历史产生兴趣，我们联合了众多历史学者特意编撰了这本《这就是中国历史——元》，见证草原征服者如何雄霸天下。

兴起朔漠

蒙古帝国兴起朔漠,并西域,平西夏,灭大金,臣高丽,定大理,幅员辽阔,是成吉思汗建立起来的神奇国度。

蒙古起源于哪里?元朝是怎么来的?四大汗国在哪里,和元朝有什么关系?成吉思汗手下大将谁最厉害?成吉思汗死后,蒙古帝国何去何从?

成吉思汗说,马背上打天下;蒙古四杰和四獒说,愿为大汗征战四方;丘处机说,没有长生;耶律楚材说,看我以儒治国。

知识链接

《元朝秘史》

《元朝秘史》是我国蒙古族最早的一部历史和文学著作,以编年体的形式记录了从成吉思汗二十二世祖到蒙古汗国建立的整个发展历程。书中重点描述了蒙古大军灭西夏、大金,远征欧洲的事迹。该书成书于13世纪中叶,撰者不详,原著已佚,现仅存明初的汉字音译本。

蒙古起源的传说

蒙古族早期的历史和传说记录在《元朝秘史》一书中。《元朝秘史》一开头就讲述了蒙古人的起源,据说是孛儿帖赤那(奉天命而降生的苍狼)和豁埃马阑勒(惨白色的母鹿)结为配偶,然后他们渡过腾吉思水,来到斡难河源头的不儿罕山定居下来,生下了一个孩子,他的名字叫巴塔赤罕。

兴起朔漠 | 蒙古起源的传说

　　巴塔赤罕生了个儿子叫塔马察，塔马察又生了他的儿子豁里察儿篾儿干……他们一代代娶妻生子，把苍狼和白鹿的家族传承了下来。到了第十一代，有这么两兄弟，哥哥叫都蛙锁豁儿，弟弟叫朵奔篾儿干。传说都蛙锁豁儿很特别，他只有一只眼睛，还长在额头上，可是这只眼睛很神奇，能看到特别远的事物。

　　一天，兄弟俩走到不儿罕山上，哥哥老远就看见河边有一群百姓顺水而来，而且那里面的每个人他都看得真真切切。他对弟弟说："你看到那群百姓了吗？在他们中间有一辆黑车子，你看见了吗？在那辆黑车子前面，有个女孩儿长得特别漂亮，她要是没有嫁人，你就娶了她吧！"

由于远古人类的科技水平有限，无法看清遥远的物体，便虚构出了视力特别好的人物或神仙。譬如商朝末年助纣为虐的千里眼，传说他就能看清楚千里之外的事物。都蛙锁豁儿也是被神话的人物

朵奔篾儿干

弟弟就走过去，看见在那群人中果然有一个美丽的姑娘，他一下就爱上了她。于是他就向那群百姓打听了那个美女的来历，得知她是秃马惕部落的女子阿阑豁阿，而且还没有嫁人。弟弟朵奔蔑儿干很大方地向她求婚，最终如愿娶了阿阑豁阿为妻。他们生了两个儿子，分别叫别勒古讷台和不古讷台，之后这两兄弟都各自形成了一个部落。

朵奔蔑儿干死后，阿阑豁阿寡居在家，却又生了三个儿子。别勒古讷台和不古讷台很疑惑，他们俩私下议论道："母亲没有丈夫，却又生了这三个孩子，家里只有一个男仆人，孩子应该是他的吧。"阿阑豁阿得知了两个儿子的暗中议论，就对那两个儿子诉说了她奇异的受胎经过："每天夜晚都有一个黄白色的人，借着门窗的间隙，透过光来，抚摸我的肚子，那光亮渗入我的肚子。然后借着日月之光，他就像一条黄狗一样，摇摇摆摆地飘然而去，后来我就怀孕了。你们怎么敢胡说呢，那个黄白色的人绝不是凡人，我的那三个孩子显然是上天的孩子啊！等他们做了万众的可汗，凡人们才能明白呢！"

阿阑豁阿的五个儿子中最小的一个叫孛端察儿，他的后裔就是孛儿只斤部，从这一支中又分衍出约二十个氏族或部落。孛端察儿就是成吉思汗的十世祖，《元史》中称他为始祖。

有人可能会说，以上讲的这些简直是神话。可是从中国文明的盘古开天地到古希腊的众神之母盖娅，中外哪个民族的历史不是从神话开始讲起的呢？

▼ 蒙古皮囊

兴起朔漠 | 五箭训子

五箭训子

前面提到的那个美丽的女子阿阑豁阿是蒙古族的女祖先,她总共生了五个儿子,分别叫别勒古讷台、不古讷台、不忽合塔吉、不合秃撒勒只和孛端察儿。

阿阑豁阿很重视孩子的教育。一年春天,阿阑豁阿煮着腊羊,把五个儿子叫到她跟前坐下。她给了每个儿子一支箭,让他们折断。五个儿子都孔武有力,毫不费力地就把箭杆折断了。

随后,她把五支箭捆在一起,让儿子们再试着把它折断。他们轮流试了下,结果谁都折不断。

于是,阿阑豁阿教训儿子们说:"你们五兄弟啊,都是从我肚子里生出来的,你们正像方才那五支箭。如果一支一支地分开,你们就像那一支一支的箭,任何人都容易折断;如果像那捆在一起的五支箭一般,同心一体,齐心协力,任何人都难以把你们打败。"儿子们听了,齐声点头。

可是阿阑豁阿死后,这些儿子并没有听从母亲的劝说。她的四个大儿子认为他们的小弟弟孛端察儿愚蠢弱小,就不把他当兄弟看待。四个人把家私、牲口和食物都分了,没给孛端察儿留一份。

孛端察儿见哥哥们不把他当兄弟,十分伤心,

> **知识链接**
>
> **《元史》**
>
> 《元史》成书于明朝初年,是一部由明朝官员宋濂等主编的纪传体断代史。全书共210卷,详细记述了从蒙古族兴起,到元帝国的建立,再到元朝北逃蒙古高原的历史,是研究元朝历史的重要文献。

可是他没有办法，只好离开自己的家乡。他独自骑着一匹背上有鞍疮、秃尾巴、黑脊梁的青白马，沿着斡难河，放马奔驰而去，到了巴勒谆阿剌之地，搭个草棚住下了。

孛端察儿其实很聪明。有一天，他在野外猎食时，看见一只小黄鹰抓住了一只野鸡，心想它可以成为自己猎取食物的好帮手。于是他心生一计，拔了几缕马尾巴上的毛，做了个套子，设下陷阱，把那只黄鹰抓住了，从此他就养着这只黄鹰。到了春天，孛端察儿就把那只黄鹰派上了用场。他先让黄鹰饿着，再放了它，黄鹰一下子就飞上高空，又俯冲下来，抓了很多野鸡、野兔，他吃都吃不完。

后来，那四位哥哥后悔了，就让孛端察儿的三哥不忽合塔吉来找孛端察儿回去。孛端察儿也不记恨哥哥们，就跟着他回家了。

五个兄弟重新团聚了，就像原先分开的那五支箭捆在了一起，力量顿时变得强大了。不久，聪明的孛端察儿发现，住在统格黎河边的一群百姓虽然人多，但他们没有首领管束，组织散漫，心也不齐，就像一支支分开的箭一样，没有战斗力。于是他联合四个哥哥一起发动攻击，团结在一起的五兄弟很快打败了他们，把他们掳为奴仆。兄弟五人把这些奴仆分成五份，把他们的畜群也分成五份，然后就搬到不儿罕山麓去住，从此形成了五个姓氏，他们的家族壮大起来了。后来威震世界的一代天骄成吉思汗，就是那个聪明的小弟弟孛端察儿的后裔。

成吉思汗统一蒙古

一代天骄成吉思汗的名字叫孛儿只斤·铁木真，他是蒙古族的英雄，是蒙古帝国第一位可汗，也是我国历史上杰出的军事家。

铁木真的童年是在动乱的岁月中度过的。当时，在蒙古高原上有着许多大大小小的部落，蒙古部落只是其中一个。这些部落之间经常发生争斗，相互仇杀。可是铁木真的经历比一般的草原儿女更为坎坷，他很小的时候父亲就去世了。

铁木真的父亲也速该是孛儿只斤氏族的首领。铁木真九岁那年，也速该带他去求亲，给铁木真聘下了弘吉剌部的女子孛儿帖。定亲以后，铁木真遵照当时的风俗，留在岳父家里，他的父亲也速该则起身回家。

不幸的是，在回家的途中，也速该被蒙古部落的世仇塔塔儿人毒死了。原本依附他们家的族人见也速该死了，他的儿子们又小，他们家靠不住了，就在邻近的泰赤乌部的怂恿下纷纷离去，连铁木真家的牲畜也一起带走了。铁木真的生活顿时一落千丈，从一个部落首领的儿子变成了一个无依无靠的贫困家庭的孩子。铁木真他们孤儿寡母，也没什么家产，生活十分艰难。母亲带着铁木真他们摘野果、挖野菜、捉地鼠、捕河鱼，这样才能勉强度日。

▲ 成吉思汗

知识链接

泰赤乌部

泰赤乌部是一个蒙古部落，后来成吉思汗征服了该部落，他们的后族改姓黄。

兴起朔漠 | 成吉思汗统一蒙古

挫折和磨难塑造了铁木真坚韧刚毅的性格。随着年龄的增长，他变得越来越出色，不但体格健壮，而且箭术和骑术也是一等一的好。

邻近的泰赤乌部的人看到铁木真如此出类拔萃，不免有些担心，万一哪天他强大起来再联络旧部，找他们报仇算账怎么办？所以，那段时间，泰赤乌部之中经常流传一句话："飞禽雏鸟有换羽毛的一天，野兽幼崽也有长成的时候啊！"

蒙古在未统一之前，内斗频繁，各部落之间经常相互残杀

因而有一天，不少泰赤乌部的人来到铁木真家，高声叫嚷说："赶快把铁木真交出来！"此时，铁木真正在附近放马，他意识到情况危急，赶紧飞身上马，逃进了密林深处。

泰赤乌部有人远远看到铁木真的背影，赶紧喊道："他在那儿！快追！"可是，树林实在太大了，要找到一个人谈何容易。于是，泰赤乌部人决定在树林外设伏，静等铁木真自投罗网。

铁木真藏在密林中不敢轻举妄动，饿了就吃些野果，渴了就喝些山泉。就这样过了十几天，他实在有点儿坚持不住了，于是决定铤而走险，下山看看情况。不想，他一出现就中了圈套，被巡逻的泰赤乌部人当场抓住了。随后，铁木真被押到四处示众。可是铁木真没有灰心，他一直在寻找机会逃走。这天，泰赤乌部要举行宴会，不少看押铁木真的人都去赴宴了，只留下一个少年继续守在那里。铁木真见机会来了，故意在牢房里大喊大叫，弄出各种声响。

那少年一听，刚探进头准备呵斥他，就被铁木真用木枷敲晕了。事不宜迟，铁木真赶紧逃了出去。泰赤乌部的人知道了，就去追他。可是有两个好心人帮助了铁木真，让他得以成功逃脱，这就是泰赤乌部的奴仆锁儿罕失剌和他的儿子赤老温。

经过这次危难，铁木真知道自己孤苦伶仃必然会受人欺负，于是他开始寻找同伴，他用自己的人格魅力吸引了一些渴望冒险、渴

> **知识链接**
>
> **孛儿帖**
>
> 孛儿帖全名弘吉剌·孛儿帖，成吉思汗的嫡皇后。成吉思汗有多位妻妾，但孛儿帖地位最高，也最受成吉思汗敬重，可谓是集万千宠爱于一身。她和成吉思汗一共有四个儿子与五个女儿，四个儿子分别是术赤、察合台、窝阔台、拖雷，他们在后世都有一定作为。

▲ 青花釉里红瓷仓

望成功的年轻战士，逐渐形成了属于他自己的势力。他还依凭他父亲生前的关系，主动依附父亲的好朋友——当时漠北草原势力强大的克烈部的首领王罕，铁木真送给他一件黑貂鼠皮袄，像对待自己的父亲一样对待他。王罕见这个年轻人对他这样热情，又想到铁木真的父亲也速该生前与自己的交情，就把铁木真当作自己的儿子，积极地支持铁木真。

不久，铁木真遭到篾儿乞部的突然袭击，被迫仓皇撤退，他的妻子孛儿帖找不到坐骑，被篾儿乞部人抢去。王罕闻讯，赶紧派自己的部队来帮他，

知识链接

王罕

王罕是克烈部末代首领，原名脱斡邻，在与金朝合作剿灭塔塔儿部后，被金朝封为"王"，故称"王罕"。他与铁木真的父亲是结义兄弟，所以将铁木真认作了义子。铁木真早期正是在王罕的帮助下，慢慢崛起，最终统一蒙古各部。

并且与札木合联合进攻篾儿乞部,将他们打得溃不成军。铁木真不仅夺回了妻子,还抢到了大批牲畜、财物和奴婢。

在这场战役中,铁木真显露了他卓越的军事才能,大大提高了自己在草原上的声望,很多人都纷纷去投奔他。铁木真以强大的克烈部为后盾,积极发展自己的势力,经过近二十年的南征北战,终于成了一个强大部落的首领。

有一次,金国进攻塔塔儿部,塔塔儿部败退。铁木真见给父亲报仇的机会到了,就率部乘机出动,截击塔塔儿部,取得了胜利,俘获了很多人和牲畜。这次战斗不仅使铁木真壮大了实力,也进一步提高了他的威望。此后,铁木真又和其他部落进行了四次大规模战争,通过这四次战争,蒙古草原各部落全都拜倒在铁木真的脚下,再也没有敢与他抗衡的对手。铁木真成就了自己的霸业。

1206年,铁木真在蒙古部原来居住的斡难河源头举行了具有历史意义的大会,全体与会者共同推举铁木真为全蒙古草原的大汗,称"成吉思汗"。成吉思,就是蒙古语大海或强大的意思。蒙古草原的各部落在成吉思汗的统率下开始了新的征程。

▼ 元代官服

质孙服的形制是上衣连下裳,但样式紧窄,下裳也比较短,是颇具元朝特色的服饰,一般是由皇帝所赐,元代的王公贵族都以拥有质孙服为荣

元代人的帽子称为"钹笠冠"。钹笠冠就像加了帽檐的安全帽,顶部还有一个金属的尖纽。远远望去,这顶帽子就像打击乐器——铜钹

元代人一般都穿皮靴、毡靴

野狐岭之战

成吉思汗成为大汗之后，有了更大的野心，位于蒙古草原以南的西夏和金朝成了他进攻的目标。

他首先选择进攻较为弱小的西夏。1205年，成吉思汗就开始进攻西夏的边境地区。1209年，他发兵大举进攻西夏，包围了西夏的国都中兴府（今银川），并引黄河的水灌城。西夏国王见到国都危在旦夕，就请求和蒙古军讲和，还忍痛把自己的女儿嫁给成吉思汗，并许诺年年纳贡。

西夏臣服之后，成吉思汗就想征服富庶的金朝。他率领蒙古军队与金朝军队进行了多年的战争，两国军队经历了无数次战斗，而野狐岭之战是蒙金战争中的决定性战役，也是著名的以少胜多的战役。

野狐岭位于现在的河北万全，因为古时候这里野狐成群，所以被称作野狐岭。野狐岭山势高峻，山上风力猛烈，是沟通中原和蒙古草原的要道。蒙古军队要打进中原，就必须通过野狐岭。

金朝当时的统治者是完颜永济，即位才几年。说起来，他和成吉思汗还是老相识。以前，成吉思汗还很弱小，要向金朝进贡，一次，成吉思汗到金朝进贡，还是王子的完颜永济奉当时金朝皇帝的命令出面接待。一见完颜永济，成吉思汗就看出他是

▲ 苏鲁锭

个庸碌无能的人，心里很看不起他。公元1208年，完颜永济做了金朝皇帝，派遣使者传诏书给蒙古，成吉思汗心想，如此庸碌无能的人都能当上金朝的君主，金朝还能有什么前途，就十分轻视金朝，不肯跪拜受诏。没想到完颜永济没有什么才能，脾气倒不小，成吉思汗的这个举动把他惹恼了，他打算派兵进攻蒙古。成吉思汗得到金军内部的情报，决定先发制人。1211年，成吉思汗以为祖先复仇（金朝曾经杀害了蒙古部落的首领俺巴孩）为名，在克鲁伦河边誓师，亲率大军南下，开始了攻打金朝的战争。

金朝表面上很强大，而且本来有进攻蒙古的打算，但一直以来边境的防御很松懈，他们以为有长城作防线，在几个重要的堡、镇重点防御就够了。听到成吉思汗率军南下的消息，完颜永济才匆忙开始部署。他委任平章政事独吉思忠为军队指挥官，率兵抵抗蒙古军队。

可是独吉思忠也是个庸才，他只知道消极地防御。他率领主力部队到达蒙金边境之后，立刻开始加固界壕，修筑边塞。他下令修缮了几百公里的界壕，号称动用了七十五万人力。如此浩大的工程，劳民伤财，还打击了士气，降低了战斗力。

成吉思汗看到金朝新修缮好的界壕，却一点都不畏惧，他知道只要能攻破其中的一点，这几百公里的界壕就会变得毫无用处。他派自己的三个儿子率领军队牵制前来支援的金朝大将胡沙虎，自己则带着几万人马，重点攻打乌沙堡。乌沙堡是一个重要的长城要塞，但是顶不住蒙古大军的猛攻，乌沙堡被攻陷后，乌月营也迅速被攻下。金朝的长城防线被撕开了一个大口子。独吉思忠辛辛苦苦构筑的界壕没能挡住蒙古军队南下的步伐。

完颜永济连忙换了完颜承裕做主帅。完颜承裕也是个庸才，他见蒙古军队攻势迅猛，不禁有了畏敌之心，他接连放弃了桓州、昌州、抚州三个地方，退守到野狐岭一线。

此时，金朝有大军四十五万，完颜承裕让他们分别据守野狐岭险要之处，严防死守。表面上看，野狐岭一带山势险要，易守难攻，金朝兵力又四倍于蒙古，这样的防守应该没问题。但是，这样的策略也分散了金朝的兵力，山势狭隘，又不利于金军调动人马，相互支援。只要敌人从一路重点突破，其他地方的防守兵力就全都用不上了。

完颜承裕在野狐岭一线分兵据守险要的做法与独吉思忠修缮界壕的做法大同小异，也是在自掘坟墓。成吉思汗发现了完颜承裕在布局上的致命缺陷，马上集中兵力攻打獾儿嘴，果然大败金军。

完颜承裕败退后，在浍河堡又重新集结了数万人，但他来不及喘息，成吉思汗就率领追兵赶到了，激战三天之后，金军丧失了最后的抵抗能力。

野狐岭之战中，金军受到了沉重打击，更重要的是，野狐岭失陷后，中原的大门被打开了。在此后的战斗中金军也是屡战屡败。

金朝国内还发生了弑君政变，完颜永济在政变中遇害，这加速了金朝的灭亡。

◆ 知识链接

界壕

界壕又称金长城，始建于金太宗年间，是规模较为庞大的古代军事防御工程。界壕的构筑别具一格，宽30米到60米，主墙高5到6米。万里长城的修建主要是为了阻挡敌人的进攻，防止逾越，而界壕主要是为了增加敌人进攻的难度，迟滞敌军进攻的时间。

完颜永济

完颜永济是金朝第七位皇帝，他做事优柔寡断，缺乏治理国家的才干；并且他也不会用人，忠奸不分，居然重用临阵脱逃的将领胡沙虎。

公元1213年，在蒙古军逼近中都时，胡沙虎叛变，并毒死了完颜永济。

兴起朔漠 | 野狐岭之战

野狐岭之战是金朝走向灭亡、蒙古走向强盛的转折点，也是中国古代军事史上以少胜多的典范。金朝防备松懈，君主完颜永济昏庸无能，用人不当，独吉思忠、完颜承裕等将领屡屡犯同样的低级错误。四十五万大军的灭亡不仅是因为蒙古军队精锐，更是因为金朝内部已经岌岌可危。

在战争中，较少使用分兵作战，因为战争瞬息万变，倘若各个部队不能相互支援，反而会削弱自己的实力，被敌人各个击破。在这场战争中，完颜承裕的分兵作战就是失败的案例

成吉思汗西征

蒙古建国后，除了征讨西夏和金朝之外，还进行了大规模的西征，1219年到1223年，蒙古大军在成吉思汗率领下，扑向中亚大国花剌子模。

花剌子模位于中亚"母亲河"阿姆河的下游、咸海南岸，大体在今天的乌兹别克斯坦地区，都城是玉龙杰赤。

1200年，阿拉丁·摩诃末即位，他发动了一系列战争，并取得了胜利，不仅从古尔王朝手中夺取了阿富汗地区，还对巴格达的哈里发发动了战争。之后他还打败了西辽军，使花剌子模国达到了鼎盛，控制了中亚和西亚的大片领土，国土面积相当于印度次大陆的大小。蒙古灭西辽之后，大蒙古国的领土就和花剌子模交界了。

成吉思汗原本打算和花剌子模交好。蒙金交战时，摩诃末派遣使团去打听蒙古和金朝之间战争的情况，成吉思汗盛情款待了使者，表示愿意和花剌子模通商，并派使者回访花剌子模，随行的还有一支四百人的商队。

可是花剌子模的边境城市讹答剌有个长官，名字叫哈只儿只兰秃，他本性十分贪婪，看到商队带着丰厚的财物，就起了歹心。哈只儿只兰秃上报说这些商人是间谍，要把他们都杀掉，国王摩诃末没有弄明白事情的真相就同意了，于是哈只儿只兰秃就杀光了商队，掠夺了大批金银财宝。

没想到的是，蒙古商队里有一个赶骆驼的人幸免于难，他逃回蒙古，向成吉思汗报告了事情的经过。成吉思汗知道这件事情后勃然大怒，但此时他还在攻打金朝，就又派了三个使者去花剌子模兴师问罪。

摩诃末自以为自己很强大，不把蒙古国放在眼里，就杀掉了正使，还剃光了两位副使的头发，把他们驱逐出境。他不知道，这一不明智的举动将使他付出沉重的代价。

蒙古人历来有仇必报，受此羞辱后，成吉思汗就把攻打金朝的任务委托给木华黎，让弟弟斡赤斤留守蒙古，他自己于1219年率领二十万大军亲征花剌子模。他的四个儿子术赤、察合台、窝阔台、拖雷以及大将速不台、哲别都随行。西征军的阵容如此强大，显示了成吉思汗报仇雪恨的决心。

花剌子模也是个很强大的国家，可是摩诃末没有集中兵力与蒙古军作战，而是让军队分别防守各个城市。

成吉思汗就让蒙古军兵分四路：察合台、窝阔台围攻杀害商队的哈只儿只兰秃所在的讹答剌城，术赤带领一支军队沿着锡尔河顺流而下攻打毡的、养吉干等城市，阿剌黑那颜带领一支军队沿着锡尔河逆流而上攻打忽毡等城市，成吉思汗和拖雷率领中军直接攻打河中地区。

1220年，成吉思汗攻陷了中亚名城不花剌，之后，他和察合台、窝阔台的大军顺利在撒麻耳干会师。用了五天时间攻下撒麻耳干后，成吉思汗派大将速不台、哲别等率军三万追击摩诃末。摩诃末辗转西逃，年底病死在里海的一个小岛上。

1221年，术赤、察合台、窝阔台三兄弟攻克了花剌子模的都城玉龙杰赤。攻灭了花剌子模后，大蒙古国的领土扩张到了中亚地区，成为一个世界强国。

蒙古军的武器装备可谓是兼容并收，既有宋金那样便捷的盔甲，也有蒙古草原独有的大弯刀

兴起朔漠 | 成吉思汗西征

政治家成吉思汗

成吉思汗是个杰出的军事家,史称成吉思汗"深沉有大略,用兵如神"。人们对成吉思汗的军事征服事迹耳熟能详,但同时不要忘了,成吉思汗也是个伟大的政治家。创立一个伟大的国家,不仅仅需要出色的军事才能,也需要卓越的政治才能。

早在1206年,在斡难河源头举行推举他为蒙古大汗的大会时,成吉思汗就没有忘记进行初步的政治建设。在大会上,成吉思汗大加封赏所有功臣和诸弟,并根据政权的需要,创制并发展了许多重要制度。如果没有这些制度,之后的军事征服无疑是难以为继的,新生的大蒙古国也无法维持和发展。

成吉思汗做出的第一个重大决策就是创立千户制。原来蒙古只有氏族部落组织,灭亡克烈部之后,成吉思汗就开始建立千户制。千户制就是把全国百姓统一按十进制编组,分为千户、百户、十户三个等级,并确定了每个千户的游牧范围。然后,成吉思汗把各个千户分给有功之人或者他的亲属,封他们为千户的那颜,世袭管领这个千户。征服了新的地域后,掳掠到人口,又会编制新的千户。千户体制既是大蒙古国的军事单位,也是地方行政单位,千户的首领那颜必须服从蒙古大汗,如果千户的那颜有过失或者不忠诚,大汗可以将他们治罪。

知识链接

赤老温

赤老温是蒙古国大将,以骁勇善战著称,与博尔术、木华黎、博尔忽并称蒙古四杰,其妹妹就是成吉思汗的合答安皇后。成吉思汗早年曾经被泰赤乌部囚禁,正是赤老温参与帮助成吉思汗顺利脱险。后来,他归属成吉思汗,随从参加统一蒙古各部的战争,是开国的十大功臣之一。

▲ 蒙古文字

兴起朔漠 | 政治家成吉思汗

　　为了有效地控制刚刚统一起来的蒙古各部，确保蒙古汗庭的安全，成吉思汗还建立了自己的直属军队。他从蒙古各部中征调了一万名精锐士兵，作为大汗的常备护卫军，称为"怯薛"。怯薛分为四班，成吉思汗任命他最亲信的博尔忽、博尔术、木华黎、赤老温和他们的子弟世袭担任怯薛长。在战争中，怯薛是蒙古全军的中坚力量，被称为"也客豁勒"（大中军）。怯薛是蒙古大汗的亲军，怯薛军官的地位在千户那颜之上，怯薛在大蒙古国的军政事务中发挥了很大作用。

　　成吉思汗的另一大功勋是创制了蒙古文字。蒙古人起初没有文字，成吉思汗建国前后，才逐渐采用畏兀儿字母来书写蒙古语，创制了最早的蒙古文。有了文字，就可以记录文书、制度，编订法典，发布命令，制作印玺，编纂史书。创制文字后，蒙古族的文化开始有了跨越式的发展。

成吉思汗还设置了大断事官,并制定了蒙古国的法典札撒。大断事官主要是处理汗国的行政等事务。蒙古人中本来有许多约定俗成的社会习惯和行为规范,经历了蒙古高原争夺霸权的战争,旧的社会秩序日益崩坏,急需建立新的社会规范,于是成吉思汗又制定了札撒,也就是"命令""法令",是大蒙古国的法典,以此让人们各得其所,各安其位。成吉思汗还仿效中原的驿传制度,在境内恢复或新建了一批驿站,供来往使臣等使用。驿站沟通了大蒙古国的各个地区,对维护大蒙古国的统一起到了重要作用。

成吉思汗创立了大蒙古国的政治制度,建立了禁卫军怯薛,制定了蒙古国的法典,还创造了蒙古文字,你说,他是不是一个了不起的政治家?

> **知识链接**
>
> **大断事官**
>
> 大断事官是元朝的官名,在蒙古刚刚建国的时候设立,主要负责管理司法、财政、行政事务,诸王投下也有设置。

成吉思汗之死

人都不免于一死,叱咤风云的成吉思汗,戎马倥偬一生,而他的死也富有传奇色彩,民间有很多相关传说。

《元朝秘史》记载了成吉思汗因坠马而死的说法,《元史》也采信了这个说法。1226年秋天,成吉思汗带着夫人也遂去攻打西夏,冬天的时候,他在一个叫阿儿不合的地方围猎。成吉思汗骑的是匹

▲ 元代青白瓷龙纹罐

兴起朔漠 | 成吉思汗之死

红沙马，没想到这匹马突然被一匹野马所惊，没有防备的成吉思汗坠马受了伤，当夜就发起了高烧。

大家都很着急，一起商量怎么办，其中有个叫脱仑的人说："唐兀（西夏）有城池，有百姓，城池又不能移动，如今还是回去，等大汗伤好了，再来攻打西夏吧！"大臣们都认为这样比较好，就把这个意见上奏给成吉思汗，成吉思汗却说："西夏的百姓看到我无功而返，一定以为我胆怯了。我暂且在这里养病，派使者去西夏劝降。"

西夏有个大将叫阿沙敢不，他嘲讽了成吉思汗，并放出话说："要想和我厮杀，你就到贺兰山来与我一战！想要金银绸缎，你往西凉来取！"成吉思汗一生要强，宁死也不退兵，他率军挺进贺兰山，将阿沙敢不的军队消灭了。但此后，成吉思汗的伤病一直没有好，反而加重了，到公元1227年的一天，他病死了。如果当

骑马看起来是件很轻松的事，但是也存在危险。虽然战马已经被驯服，但是如果在奔跑中人失去平衡从马背上跌落下来，那么造成的伤害也将是致命的

时成吉思汗没有逞强,回蒙古疗伤,也许就不会落下病根,他也许能活得更久。

1245年到1247年,意大利人普兰诺·卡尔平尼作为罗马教廷的使者曾出使蒙古,回去之后向教皇提交了名为《蒙古史》的出使报告。其中提到,他到达蒙古国的时候,发现那里夏天雷电伤人事故频频发生。他来蒙古的时候,距离成吉思汗死亡只有十几年而已,人们根据他的记述,认为成吉思汗可能是被雷电击中身亡。

《马可·波罗游记》提出了"中毒说"。马可·波罗是意大利商人,他于1275年到达中国,比卡尔平尼晚了30年。那时正是元世祖忽必烈当政时期,马可·波罗在元朝逗留了很多年。他在游记中记叙了成吉思汗的死因:成吉思汗亲征西夏,在围攻一个要塞的时候,西夏士兵使用了毒箭,成吉思汗膝部不幸中了西夏士兵射来的毒箭。膝部本来不是要害,但毒箭的毒性很强,结果可想而知,箭毒攻心,成吉思汗伤势日益严重,一病不起。民间还有一种说法,认为成吉思汗并非中毒箭而亡,而是被西夏王妃古尔伯勒津郭斡哈屯下毒致死。

不过,关于成吉思汗的死因还有另一个版本,这个版本也和西夏王妃有关。相传,成吉思汗的铁骑打败西夏后,俘虏了貌美的西夏王妃,然后将其献给了成吉思汗。侍寝的时候,古尔伯勒津郭斡哈屯趁成吉思汗不注意,刺杀了他。这个说法在编纂于清朝康熙元年的《蒙古源流》中有相应记载。虽

> **知识链接**
>
> **《马可·波罗游记》**
>
> 《马可·波罗游记》是一部长篇游记,讲述了意大利旅行家马可·波罗于公元13世纪在中国游历的经历。他在书中详细介绍了中国的自然和社会情况,在欧洲引起很大轰动,被称为"世界一大奇书"。马可·波罗也被誉为"中世纪的伟大旅行家",中西交通史和中意关系史上的友好使者。

然这种记载出现得比较晚,但还是有很多人认为这个说法很可信。

即使在临死前,成吉思汗仍然没有忘记他的勃勃雄心。《元史》记载,成吉思汗在驾崩之前还不忘嘱咐灭金的策略:"金朝的精兵在潼关,南据连山,北限黄河,难以攻破。如果向宋朝借道,宋朝和金朝有世仇,一定会答应的,那我们就能出兵唐州、邓州,直捣大梁。这样逼急了金朝,他们一定会征调潼关的军队来救援。这数万军队,千里赴援,不免人马疲惫,我们去进攻他们,一定能把他们消灭,消灭了金军的精锐部队,就不难灭亡金朝了。"尽管成吉思汗去世了,但他开创的功业不灭,作为一位伟大统帅,他的英武形象仍然留在人们的记忆中。

▲ 窝阔台

知识链接

蒙古三次西征

蒙古帝国曾在1219年到1260年间进行过三次大规模的西征。第一次是成吉思汗率军与花剌子模国进行的一场战争;第二次是窝阔台汗派遣诸王率军征服伏尔加河以西各国的战争;第三次是蒙哥汗派他的弟弟旭烈兀率领10万大军攻打波斯的战争。经过三次西征,蒙古帝国的铁蹄几乎踏遍欧亚大陆。

成吉思汗的继承者

成吉思汗去世后,汗位继承就成了一个大问题。按照蒙古的传统,大汗在生前不立太子,大汗去世了,由谁继承汗位要等到诸王大臣一起开会讨论后才能决定,这样的制度也叫忽里勒台("聚会""会议"的意思)。1206年成吉思汗统一蒙古后,在斡难河源头举行了忽里勒台大会,他就是在这次大会上受到众人推举,登上汗位的。

成吉思汗有八个儿子,四个嫡子术赤、察合台、窝阔台、拖雷是同母所生,其中术赤和察合台素来关系不好。成吉思汗西征前夕,在孛儿帖皇后去世后执掌后宫的也遂皇后请求在四个嫡子中指定一个继承人,这时大儿子术赤和二儿子察合台之间发生了争执,于是察合台请求让敦厚的三儿子窝阔台做嗣君,成吉思汗采纳了他的意见,窝阔台成为汗位继承人。

另外,蒙古有所谓"幼子守产"的习俗,因为拖雷是最小的儿子,就把蒙古本土之地封给拖雷。成吉思汗死后,拖雷作为幼子监国。1229年,拖雷召集蒙古诸王和大臣们举行忽里勒台大会,商议推举大汗。成吉思汗生前曾指定窝阔台为继承人,但

兴起朔漠 | 成吉思汗的继承者

很多宗王都属意拖雷继承汗位,而拖雷也对汗位跃跃欲试,这场大会陷入了"持久战"。

察合台和窝阔台是一派,他极力拥护窝阔台即位。后来,在耶律楚材的周旋之下,拖雷为了避免一场宫廷内讧,最终放弃了汗位争夺战。于是,窝阔台继承了大汗之位。

窝阔台也是一位雄才大略的君主，继承汗位后，他领导大蒙古国攻灭了金朝，并且发动了第二次西征，征服了俄罗斯、波兰、匈牙利等欧洲国家。1241年，窝阔台因为饮酒过度去世。他的皇后乃马真氏脱列哥那，是个很有手段的人，她想方设法获得了察合台等宗亲的支持，执掌了国政。摄政的乃马真皇后，为了收买人心，大行赏赐，希望能获得宗亲贵族的支持，她通过这种方法专擅朝政达五年之久。这期间，成吉思汗幼弟铁木哥斡赤斤觊觎汗位，乃马真皇后才想起让先帝的长子贵由即位，这样才名正言顺，于是她召集诸王、大臣举行大会，确定贵由的汗位继承权。1246年贵由终于登上了大汗之位，曾经梦想当上大汗的斡赤斤则被处死。

▲ 蒙哥

然而贵由的统治十分短暂，不久他就死去了。贵由死后，一度由他的妻子海迷失皇后摄政。1251年蒙古各部召开忽里勒台大会，拖雷的长子蒙哥被拥立为大汗。史书上称蒙哥"刚明雄毅，沉断而寡言，不乐燕饮，不好侈靡"。

成吉思汗、窝阔台、贵由、蒙哥的统治时期，就是大蒙古国的前四汗时期。

除了大汗之外，成吉思汗的其他子孙也各有封地，由他们的封地发展出了四大汗国，也就是钦察汗国、察合台汗国、窝阔台汗国和伊利汗国。

钦察汗国，也叫金帐汗国，是成吉思汗长子术赤的封地。钦察汗国位于蒙古帝国的西北部，领土包括今天的咸海和里海北部，以及俄罗斯和东欧部分地区。

察合台是成吉思汗的次子,最初被封在畏兀儿(今天中国新疆东部一带)以西的草原地带。大蒙古国有宗王率兵镇守边疆地区的制度。成吉思汗西征结束之后,察合台就受命留在西域,镇守新疆西部和中亚部分地区。察合台镇守之地和他的封地渐渐连接在一起,就发展成了后来的察合台汗国。察合台汗国最盛时,领土东至新疆的罗布泊、吐鲁番,西达中亚的阿姆河,北到新疆的塔尔巴哈台山,南到阿富汗的兴都库什山。

成吉思汗分封宗亲贵戚的时候,窝阔台也得到了一部分土地和军队,主要在现在的新疆一带。窝阔台继承大汗之位后,原有的封地就成了他的长子贵由的领地,窝阔台后裔的封地逐渐形成窝阔台汗国,窝阔台汗国的疆域包括原来乃蛮部落的广阔土地和西辽的部分领土,也就是额尔齐斯河上游和巴尔喀什湖以东地区。

拖雷的儿子旭烈兀曾受命西征波斯,后来蒙古国内发生阿里不哥之乱,旭烈兀就留驻当地,建立起国家,也就是伊利汗国。伊利汗国最盛的时候,领土东起阿姆河和印度河,毗邻察合台汗国和印度,西至地中海,占有小亚细亚半岛的大

四大汗国是蒙古统治者不断西征、开疆拓土的结果。四大汗国的建立,既是蒙古族历史上的大事,更深深地影响了世界历史的走向

部分，北到高加索山，南濒波斯湾和阿拉伯海。

四大汗国的可汗都奉蒙古大汗为宗主，四大汗国的建立把大蒙古国的影响扩大到了亚洲和欧洲的一大片地区。

蒙古四杰和四獒

成吉思汗建立伟大的功业离不开一批贤臣良将的辅佐，其中包括四员智勇双全的大将木华黎、博尔术、博尔忽和赤老温，他们以忠勇辅佐成吉思汗，号称"掇里班曲律"，意为"四杰"。

有一次成吉思汗的军队在战斗中失利，当时恰逢大雪，他们丢弃了牙帐，晚上睡在荒野之中。木华黎和博尔术两人整夜站在雪中，展开一件宽大的毛皮大衣，为成吉思汗遮风挡雪，竟然一晚上都没有挪动一步。又有一天，成吉思汗带着三十几个人骑着马经过溪谷，他问大家："如果在这里遇到敌人突袭，怎么办呢？"木华黎果断地回答说："请让我们跟他们拼命！"过了一会儿，敌人果然从林间钻出来突袭他们，一时间箭如雨下。木华黎决心反击，他拉开弓向敌人射去，三发三中，

赤老温

射死了三个人。敌方首领见他箭术这么高超,感到很惊奇,就喊道:"你是谁?"木华黎一边回答自己就是铁木真部下大名鼎鼎的神射手木华黎,一边解下马鞍护卫成吉思汗,最后他们终于击退了敌人。

在成吉思汗统一蒙古草原各部和进攻金国的战争中,木华黎都立下了赫赫战功。在著名的野狐岭战役中,木华黎表现得很勇猛。1217年,成吉思汗见木华黎功勋卓著,又加封木华黎为征金大元帅、太师、国王,还赐给他誓券、黄金印,让木华黎把他的封国传给他的子孙,世世不绝。

博尔术是成吉思汗的另一位重要的大将。成吉思汗即大汗位时,木华黎被封为左万户,被封为右万户的就是博尔术。博尔术是阿儿剌氏,始祖也是前面提到过的那位聪明的小弟弟孛端察儿。博尔术是一位智勇双全的良将,《元史》说博尔术"志意沉雄,善战知兵",成吉思汗征战四方,往往都要带上他。博尔术既忠诚,又细心,有博尔术守夜的时候,成吉思汗都睡得分外安心。

> **知识链接**
>
> **万户**
>
> 万户是古代官名,在金朝时开始设立,为家族世袭军职。
>
> 在成吉思汗建国之后,封右、中、左三万户,分领属下军民。

有一次,要儿斤部的部卒偷了他们的牧马,当时博尔术年仅13岁,但他还是勇敢地追击敌人。可他并不是有勇无谋,他明白自己是孤身一人,硬碰硬无法抢回牧马,于是他出其不意地从侧面攻击了要儿斤部的人,要儿斤部的人大吃一惊,赶忙丢下牧马逃跑了,博尔术把牧马带了回去。后来,博尔术不仅随成吉思汗征战四方,还努力教导皇子察合台,教给察合台很多人生道理和做事的经验。

"四杰"中还有一位是博尔忽,他是许兀慎氏,以神武著称。博尔忽与成吉思汗的关系很亲密,他是成吉思汗母亲诃额伦太后的养子,又曾从战场上救回重伤的皇子窝阔台,为成吉思汗立下大功。因此成吉思汗建立大蒙古国分封功臣的时候,也把博尔忽封为千户那颜。成吉思汗还夸赞博尔忽说:"博尔忽侍奉左右的时候,哪怕战事危急,哪怕是在黑夜里刮风下雨的时候,他也会给我送来食物,不让我饿着肚子睡觉。"成吉思汗还赐给博尔忽犯罪九次不被处罚的特权,这种赏赐可是一般人得不到的。但博尔忽的结局很悲惨,有一次秃马惕部又叛变了,博尔忽前往平定，中了敌人的埋伏而战死。

赤老温也是"四杰"之一。他们家对成吉思汗有恩情。早年成吉思汗被泰赤乌部的人抓住了，赤老温和他的父亲锁儿罕失剌一起帮助成吉思汗逃脱，因此获得了成吉思汗的信任。后来他们投奔了成吉思汗，并为成吉思汗立下了很大功劳。大蒙古国建立后，赤老温也被封为千户那颜。赤老温以骁勇善战著称。有一次他在和敌人战斗时不慎坠马，敌将想用枪刺死赤老温，没想到赤老温却突然腾跃而起，反而举枪刺杀了敌将。在成吉思汗平定泰赤乌部的时候，赤老温用枪掷中了泰赤乌部首领塔儿忽台，为成吉思汗报了仇。可惜的是，赤老温也英年早逝。

大蒙古国除了有"四杰"，还有"四獒"（意为四个先锋），分别是速不台、哲别、者勒蔑和忽必来。"四獒"勇不可当，成吉思汗常常用他们作先锋，所以有此比喻。

速不台是蒙古兀良合部人，他的祖先就和成吉思汗的先辈结交，到成吉思汗时已经有五代了。速不台的勇猛善战，在成吉思汗统一蒙古草原各部的战争中就显现出来了，作为"四獒"之一而闻名漠北。大蒙古国建立时，速不台也做了千户那颜。

速不台跟随成吉思汗西征花剌子模，立下了很多功勋。对此，成吉思汗赞扬他说："速不台浴血奋战，为我们家族立下汗马功劳，我很赞赏他。"然后他赏赐了速不台很多金银财宝。速不台对成吉思汗非常忠诚，在即将攻打西夏时，成吉思汗体谅速不台

▲ 元代铜权（秤砣）

兴起朔漠 | 蒙古四杰和四獒

常年在外征战，怕他的父母思念他，就让速不台回家去看望父母，速不台却屡屡请求跟随成吉思汗出征。后来速不台又立下了很多战功，在蒙金战争中，他是蒙古军的主将，在蒙古军西征欧洲时，他也做了蒙古军的先锋。

哲别和成吉思汗则是不打不相识。哲别原名只儿豁阿歹，是别速惕部人。别速惕部曾经和泰赤乌部等部落联合起来，对抗成吉思汗。

1201年，成吉思汗和札木合率领的联军会战于阔亦田地方，在这次战役中，哲别射伤了成吉思汗的白嘴黄马。后来泰赤乌部势力衰微，哲别终于投靠了成吉思汗，还坦率承认是他射伤了成吉思汗的爱马。成吉思汗觉得他很坦诚，可以交

在两军作战时，一方武将自愿成为对方势力的一员，并且得到了对方的认可，这样的军事将领被称为降将

朋友。于是，哲别就成了成吉思汗麾下的一员大将，被形容为具有"铜的额颅、凿子似的嘴、铁的心、锥子似的舌"的战将。因为射马的事情，成吉思汗将他改名为哲别，意为"箭镞"。哲别在成吉思汗西征花剌子模的时候，担当了先锋。

者勒蔑，兀良合氏，他是速不台的哥哥，自幼服侍成吉思汗。因为他死得早，功名不如哲别、速不台。成吉思汗和泰乌赤部战于斡难河的时候，脖子上生了个大疮，病得很严重，者勒蔑为成吉思汗吮去脓血。到了大半夜，成吉思汗才苏醒过来。醒来的成吉思汗十分口渴，想要喝水，于是者勒蔑光着身子潜入敌营，拿了一桶奶酪回来，丝毫没有被敌人发现。他调了奶酪给成吉思汗喝后，成吉思汗脖子上的大疮终于好了。

后来，成吉思汗问者勒蔑："你为什么要光着身子进入敌营呢？"者勒蔑回答说："如果我被敌人抓住了，就对敌人说'我本来就想来投降，但却被发现了，他们脱去我的衣服，马上就要杀我了，我趁他们不注意时逃脱了'，对方一定会相信我的话，还会任用我，这样我就可以盗马而归了。"成吉思汗听了后笑着夸他："者勒蔑真是个大胆的'贼'啊！"

忽必来，八鲁剌氏，是成吉思汗的带刀宿卫，在成吉思汗征服塔塔儿部和乃蛮部的时候，立下了很多战功。成吉思汗在正式成为蒙古草原大汗的时候，对忽必来说："凡是刚硬不服从的部族，你都让他们臣服了。你和者勒蔑、哲别、速不台四个人，如同我的猛犬，临阵只要以你们四个人为先锋，只

知识链接

《射雕英雄传》

《射雕英雄传》是金庸著名的武侠小说之一，是"射雕三部曲"的第一部。

书中描述了南宋人民抵抗金国与蒙古的斗争，该书气势宏伟，情节动人，具备鲜明的"英雄史诗"风格，主要人物有郭靖、黄蓉、杨康等。另外，书中有大量历史人物穿插，但是这些人物故事都经作者的文笔再创作了，切不可当成正史对待。

▲ 元代银镀金錾花双凤穿花玉壶春瓶

要博尔术、木华黎、博尔忽、赤老温站在我跟前,我就能安心,知道战争一定会取得胜利。以后军事上的事你都要掌管。"

蒙古四杰是成吉思汗的大将,常常跟随他左右,征战四方,而蒙古四獒是成吉思汗偏爱的先锋,为他冲锋陷阵。蒙古名将云集,"四杰""四獒"只不过是其中为人们熟知的几位,他们共同的特征是骁勇善战。成吉思汗的大业,正是在这些猛将的辅佐下完成的。

"神仙"丘处机

在金庸的《射雕英雄传》中,丘处机是王重阳门下全真七子中武功最为高强的,他为了寻找郭靖,来到了蒙古大草原,因此结识了成吉思汗。丘处机的武功如何已经无法考证,可是在历史上,丘处机的确见过成吉思汗,但不是为了寻找郭靖。

丘处机是宋、金、蒙三方竭力争取的全真道教首领,他从小就很聪明,记性很好,一天能背诵数千字的文章,过了很久也不会忘。19岁时,丘处机开始走上学道的道路,去了昆嵛(yú)山。他拜当时著名的道士重阳道人王喆为老师。王喆创立的道教新派,主张道、释、儒三教合一,还倡导"屏去幻妄,独全其真",所以叫做"全真道"。

王喆死后,由他的大弟子,丘处机的师兄马钰掌教。后来,马钰把教门之事托付给了师弟丘处机,丘处机从此成了全真道的首领。

成吉思汗西征途中,侍臣刘仲禄向他推荐丘处

丘处机

机，说他有"保养长生之术"。耶律楚材也说全真教有益于世，能帮助大汗安定天下。成吉思汗见丘处机有这么大的本领，就郑重地派遣刘仲禄等人邀请丘处机与他见面。

经过半年跋涉，刘仲禄等人找到了丘处机的弟子尹志平，尹志平觉得这个结识一代天骄的机会不可错过，就对丘处机说："道若要盛行天下，就要启发度化民众，这正是传扬道的机会啊！"丘处机觉得尹志平的话很合他的心意，于是年逾古稀的丘处机启程西行，去面见成吉思汗。

1222年，丘处机终于到达西域雪山的行营，也就是今天阿富汗的兴都库什山，见到了成吉思汗。我们想象一下一个威风凛凛的统帅和一个仙风道骨的道士的会面。

一见到他，成吉思汗就问起"长生之药"的事，丘处机老实地回答说："只有养生的方法，却没有长生的仙药。"接着他就向成吉思汗讲起了一个君主如何才能得到长生："上天深深地爱护下层民众，就要借大汗之手来去除残暴，等到成功之后，大汗也就能享受长生。在世的时候，切记要减少声色之乐，节制欲望，才能圣体康宁，寿命长久。想统一天下，一定不能嗜好杀人。治理天下要以敬奉天命、爱护民众为根本。"很明显，丘处机这是借讲解长生之道来给成吉思汗讲治国的道理。

成吉思汗听了这一席话，觉得很受启发，丘处机的人格魅力也感染了成吉思汗，因此成吉思汗尊

> **知识链接**
>
> **尹志平**
>
> 尹志平（1169—1251年）是金末及元代著名全真道士，公元1191年，尹志平拜丘处机为师。
>
> 在战乱时期，尹志平经常救助流离失所的百姓，因此深得百姓的爱戴。丘处机临终之际，将掌门之位传给了尹志平，尹志平百般推脱，最后不得已才勉强接替掌门之位。不过这和他清修的意愿相差太大，因此他最后还是辞掉掌门之位，过上了与世隔绝的生活。
>
> **《长春真人西游记》**
>
> 《长春真人西游记》的作者是全真教弟子李志常，书中主要的内容就是丘处机西行时的经过以及沿途所见的风土人情，是研究13世纪漠北、西域史以及全真道历史的重要著作。

他为"神仙"。丘处机东还时,成吉思汗还屡次派人转达对丘处机的问候,这是以看出他对丘处机的敬仰之情。

1227年,丘处机在燕京病逝。后来,全真道弟子李志常撰写了《长春真人西游记》,详细记述了丘处机西行面见成吉思汗的故事。

自古帝王将相,渴望长生不老的不胜枚举。成吉思汗想要的是长生,丘处机给不了他,但古稀之年的丘处机仍然启程西行,跋涉万余里,劝说成吉思汗爱护民众,减少杀戮。

历史上的丘处机,虽不是金庸笔下武功高强的大侠,但同样值得赞颂。

元初名相耶律楚材

元初的另一位名人是宰相耶律楚材。耶律楚材出生在读书知礼的书香门第，他的父亲耶律履是金朝的大学者，精通汉、契丹、女真文字，还参与编纂过《辽史》。

耶律楚材出生时，耶律履已经六十岁了，耶律履老年得子，对这个孩子十分重视。

耶律楚材的父亲在他很小时就去世了，全靠母亲杨氏把他抚养成人。耶律楚材没有辜负父母的期望，他从小勤奋好学，博览群书，十几岁时就很擅长写文章了。他还旁通天文、地理、律历、术数以及佛教、道教、医术、占卜之说，可以说是一个全能的人才。满腹才学的耶律楚材很自信，自命为"百尺栋梁"。为了让自己所学能够得到运用，他积极地追求功名，后来果然中了举，年纪轻轻就出任了开州的副知州。

成吉思汗攻下燕京后，听说了耶律楚材的名气，就召见了他。耶律楚材长得很帅气，他身高八尺，美髯宏声，成吉思汗很喜欢他。成吉思汗知道他是辽太祖耶律阿保机的后代，辽朝是被金朝灭的，就对他说："辽金是世仇，我为你报仇雪恨。"可耶律楚材却说："我的父亲和祖辈都曾在金朝做事，既然是金朝的臣子，哪里敢仇恨金朝的君主。"成吉思汗很欣赏他这话，就把他留在身边，还给他起

> ● 知识链接
>
> **《辽史》**
>
> 《辽史》是"二十四史"之一，是元朝大臣脱脱等人编撰的纪传体史书。这本史书共116卷，记载了从辽太祖耶律阿保机到辽天祚帝耶律延禧之间两百多年的辽朝历史，还记载了西辽等历史。

▲ 耶律楚材

了个外号叫"吾图撒合里",也就是蒙古语"胡须很长的人"的意思,大概类似于关公的绰号"美髯公"吧。成吉思汗每次出征前,一定会让耶律楚材为他占卜。

成吉思汗亲征西夏时,攻下了灵武,将军们争着掠取财帛,唯独耶律楚材仅仅拿了几部书以及两匹骆驼驮的大黄。不久蒙古军中疫病流行,他用这些大黄治愈了几万名军士。

耶律楚材如此能干,成吉思汗曾指着耶律楚材对窝阔台说:"这个人是上天赐给我们的,以后军国大政,都应当委派给他。"

窝阔台即位后,果然重用耶律楚材,耶律楚材成了常在窝阔台身边的官员之一,他的意见对于窝阔台的治国决策产生了重大的影响。

成吉思汗热衷于不断对外征服,没有考虑过如何治理中原,他所任命的官员大都很贪财,在当地搜刮百姓。窝阔台知道这样不是长久之计,就任命耶律楚材主持对黄河以北的赋税征收工作。耶律楚材采取了鼓励农业生产的赋税征收政策,减轻了农民的负担,使得中原地区的农业迅速恢复,蒙古军队的军需供应也因此得到了切实保障。

1233年,在蒙古军队即将攻破金朝都城汴梁时,大将速不台主张按照蒙古惯例,对这个曾经抵抗过蒙古军队的城市实行屠城。而耶律楚材则在窝阔台面前据理力争,告诉窝阔台得民心者才能得天下,君主必须爱护百姓,窝阔台采纳了他的主张,屠城之举免于实行,城中的百姓免遭惨祸。蒙古对汴梁的这种宽大措施,在此后成为定例,耶律楚材功不可没。

1234年蒙古灭金之后,耶律楚材认为到了以儒治国的时候。他主张任用贤能之人,发展生产,重视教育。在窝阔台的器重下,耶律楚材有了实施他

的抱负的机会,革除了当时的很多弊病。

  1241年,窝阔台去世,他的妻子乃马真皇后摄政。乃马真皇后不喜欢耶律楚材,耶律楚材再也不能发挥他的政治才能了。政治上的失意,再加上夫人苏氏的突然亡故,沉重打击了耶律楚材,1244年,卓越的政治家耶律楚材与世长辞。

耶律楚材死后，他的政敌们诽谤他久居相位，贪污严重。乃马真皇后就派人去耶律楚材的府第搜查，结果发现他家里只有他收藏的十几张琴阮、几千卷书画，没有什么金银财宝，哪里是什么贪官呢！

> **知识链接**
>
> **屠城**
>
> 屠城是一种血腥残忍的战争行为。在古代，军队在攻破城池后，有时会杀尽城中的人以报复泄愤，也就是"屠城"。

闯关小测试

1. 苍狼白鹿的传说来自哪本书？（　　）
   A.《元朝秘史》 B.《长春真人西游记》
   C.《史集》   D.《左传》

2. 伊利汗国的建立和谁有关？（　　）
   A. 术赤   B. 拖雷   C. 旭烈兀   D. 成吉思汗

3. 蒙古四獒不包括谁？（　　）
   A. 哲别   B. 博尔术   C. 者勒蔑   D. 速不台

参考答案：1.A 2.C 3.B

元朝的诞生

1260年，忽必烈即帝位于漠南开平城，采用"汉法"，对蒙古国制度进行了一系列改革。

1271年，忽必烈颁布《建国号诏》，定国号为"大元"。

在忽必烈的统治下，元灭南宋，完成了全国的统一。疆域辽阔的元朝是个神奇的国度，有贤德的皇后，有高僧八思巴，有远道而来的西方宾客，有异域的能工巧匠，有开辟海运航道的海盗，有工作一生的数学家，有不食无主之梨的大儒，有改革棉纺织技术的黄道婆……

兄弟争位

前面提到，成吉思汗、窝阔台、贵由和蒙哥四位大汗统治时期是元朝诞生前的前四汗时期。1259年，蒙古大汗蒙哥在今重庆合川死去，他的弟弟忽必烈和阿里不哥围绕汗位的继承展开了一场较量，也就是所谓的阿里不哥之乱。

阿里不哥是蒙哥汗幼弟，蒙哥汗死时，他成

▲ 元世祖忽必烈

守都城和林，而蒙哥汗的二弟忽必烈正在率军攻打南宋鄂州，三弟旭烈兀正率军攻打叙利亚。因此，占据蒙古本土的阿里不哥对大汗之位萌生了觊觎之心。

可是他的二哥忽必烈也想做大汗，他听说蒙哥汗的死讯后，立刻率军北归，到达了开平，就在那里召开了忽里勒台大会，在诸王的推举下继承汗位。

没想到，忽必烈在开平抢先即位，这彻底将阿里不哥的计划打乱了。公元1260年，阿里不哥火速召集诸王贵戚在阿勒泰山营地举办大会，会上他被拥立为大汗。由此，出现了两个大汗相抗衡的局面，西道诸王，包括察合台汗国、窝阔台汗国和钦察汗国的可汗大多支持阿里不哥，而蒙古东道诸王大多支持忽必烈。

一山不容二虎，兄弟俩之间很快爆发了争夺汗位的战争。1260年秋，阿里不哥兵分两路，大举南下进攻忽必烈。东路军由玉木忽儿、合剌察儿统率，从和林向漠南挺进。西路军由阿兰答儿统领，直指六盘山，阿里不哥想要争取屯守在这里的蒙哥攻宋主力站在自己一边，一起去进攻忽必烈。忽必烈亲自领军迎战，击溃了阿里不哥的军队。阿里不哥难以继续在和林立足，匆匆撤到由他继承的拖雷分地吉利吉思，忽必烈军顺利进入和林。

阿里不哥害怕忽必烈乘胜追击，就假意求和，宣称等马力稍微恢复，就亲自前往和林向忽必烈谢罪。这时忽必烈挂念汉地政局，就率大军返回了中原。

可是阿里不哥并没有放弃当大汗的野心。1261

元朝的诞生 | 兄弟争位

年，阿里不哥元气稍有恢复，又举兵东来，突袭了留守漠北的忽必烈军队，和林城再次失守。忽必烈只好再度北征，与阿里不哥的军队相遇在昔木土脑儿之西。战争中，虽然阿里不哥的右翼军队被忽必烈军击败，而左、中两路和忽必烈的军队一直鏖战到晚上，也没有分出胜负。于是双方各自引军后退，战局相持不下。

等到冬末，忽必烈还师，形势似乎缓和了一些。两个争夺大汗之位的人似乎谁也消灭不了谁。

可是不久，阿里不哥阵营内部就闹起了窝里斗。1262年，原先支持他的察合台汗国可汗阿鲁忽拒绝听从他的命令，还派兵截留了阿里不哥的货物，因此阿里不哥愤而移兵征讨阿鲁忽。忽必烈的军队趁机收复和林。

阿里不哥击败阿鲁忽后，在察合台汗国的阿力麻里驻军，他丝毫不管束部下，放任他们在那里肆意杀掠。伊犁河流域因此残破不堪，民不聊生，阿里不哥也众叛亲离。1264年，阿力麻里又发生了饥荒，阿里不哥军队的粮食也得不到保障，军心涣散。迫于无奈，阿里不哥终于向忽必烈投降，长达五年的汗位纠纷至此结束。

元朝的诞生 | 襄阳之战

襄阳之战

忽必烈在击败了阿里不哥，稳定了大蒙古国内部之后，就发动了对南宋的战争。在两国战争中，襄阳之役是很关键的一战，所以双方打得非常激烈。

1268年秋，忽必烈派阿术为主帅，刘整为副帅，率军进攻襄阳。阿术和刘整将襄阳团团围住，并在江边修筑堡垒，在河中钉上木桩，拉上铁链，想隔断襄阳与外界的联系，可是他们并没有把襄阳攻破。

第二年，忽必烈又派史天泽和驸马忽剌率领另一支军队也来攻打襄阳。史天泽到襄阳城后，又加强了围困襄阳城的兵力，并对襄阳城发动了猛烈的进攻，但还是没有攻打下来。一到夏天，雨水不断，流经襄阳的汉江的水位不断上涨，结果襄阳周围到处都是水，元军不得不停止进攻，双方这样打打停停，襄阳之战一直打了五年。

忽必烈见襄阳总是攻不下来，就向将领们问计。

一个叫阿里海牙的大将对忽必烈说："襄阳和它北面的樊城就像牛的两只角一样，它们互相支援，所以我们攻不下襄阳城。不如先攻樊城，把樊城攻下来之后再进攻襄阳。"

> **知识链接**
>
> **襄阳之战**
>
> 襄阳之战的起因是南宋的降将刘整向忽必烈献计说："襄阳是南宋江汉流域的门户，先攻下襄阳，然后乘船顺着汉水进入长江，往下游直捣南宋的京城临安，就能灭掉宋朝。"忽必烈一听，非常高兴，就决定集中力量从中路突破南宋设在襄阳、樊城一带的荆湖防线，然后再向东南两线推进。

忽必烈一听觉得很有道理，马上命令阿术先攻打樊城。阿术就集中大军猛攻樊城。

为了迅速拿下樊城，元军运来了不少威力无穷的"投石机"——回回炮。有了这些武器，樊城的城墙很快就被轰塌了。元军见此，如涌动的潮水一般向前冲去。这时，宋军拼死防御，无数飞石和利箭像雨点似的朝元军袭来。面对如此强悍的防御攻势，元军败下阵来，死伤无数。

为什么樊城的宋军如此厉害？原来，他们暗中还有帮手。在双方激战的过程中，驻守襄阳的守军不断通过浮桥向樊城提供兵力支援。可想而知，元军以一敌二，自然无法取胜。如果元军想要打胜仗，就必须切断浮桥，让樊城陷入孤立无援的境地才行。

于是，阿术集中兵力向浮桥进攻，最终用火烧断了浮桥，樊城成了一座孤城。元军就在樊城四周发动猛攻，先后从三面攻破内城。樊城宋军在巷战中失败，城内军民被元军全部屠戮，襄阳危在旦夕。

元军攻克樊城后，立刻把回回炮转移到襄阳城下。襄阳守将吕文焕急忙向南宋朝廷求救，可是在奸相贾似道控制下的南宋朝廷没有派部队增援。这时城内的粮食还可以支持，而衣服、柴火都已经断绝了。

时值冬末，军民被迫拆毁房屋作柴烧。吕文焕每次登上城楼巡视，总是忍不住望着南方痛哭。

吕文焕见襄阳实在守不住了，只得打开城门，投降了元军。攻占了襄阳就等于打开了南宋的大门，这是元军取得的一大胜利，忽必烈多年的梦想成为现实。

1274年，忽必烈命令左丞相伯颜为统帅，率领大军沿汉水进入长江，再沿长江东下，直扑南宋都城临安。

1276年，元军攻克临安，宋恭宗出降。1279年，元军扑灭陆秀夫领导的抗元势力，南宋灭亡，元朝最终统一了全中国。

知识链接

回回炮

回回炮是一种抛石机，广泛用于战争攻守。回回炮是从古代抛石机的基础上发展而来的，经过改良和创新，回回炮的威力更大，射程也更远，在战争中能够发挥很大作用。在南宋时期的宋元襄樊之战中，元军就曾经使用"回回炮"来攻城。

▲ 青铜马镫

李瓘之乱

汉朝有吴楚七国之乱，唐朝有藩镇之乱，元朝初年也爆发了地方反抗中央的叛乱，叛军的首领叫李瓘（tǎn），字松寿，是金朝末年趁着乱世割据淮北山东一带的豪强李全的儿子（也有说是养子）。

1227 年，李全投降了蒙古，接受了益都行省的职位。像李全这样的人，当时被称为"世侯"，他们就像一个个土皇帝一样，辖区内的一切军权、财权都由他们掌握，他们死后还由后代继承他们的职位。

李全去世后，他的妻子杨妙真一度主持军务，但不久就由李瓘继承了益都行省之职。李全和李瓘父子统治山东东部达三十余年，逐渐培植和扩展了自己的势力。

忽必烈时期，李瓘仍借口防备南宋，向蒙古朝廷要兵要马，其实却是为了发展自己的军事力量。李瓘不去朝觐忽必烈，也不向蒙古政府缴纳税赋，还私自购买军马，滥发纸币，他想要谋反的迹象越来越明显。而此时忽必烈顾及北方的战事，一再对李瓘采取姑息的策略。

中统三年（1262 年）初，李瓘蓄谋已久的叛乱终于爆发了。他乘忽必烈与阿里不哥争夺汗位之机，让在忽必烈那里做人质的儿子偷偷回来，然后献上

知识链接

七国之乱

七国之乱是西汉景帝时期发生的一次诸侯叛乱。

汉景帝采纳御史大夫晁错的建议下令削藩，这使得以吴王刘濞为首的七个刘姓宗室诸侯非常不满，于是他们打着"清君侧"的名义起兵造反，被称为"七王之乱"。西汉派大将周亚夫出兵平叛，三个月后将叛乱平定。诸侯王全部被镇压，从此中央集权得到加强。

▲ 箭镞

涟、海诸城给南宋,并出兵攻打益都。益都宣抚副使王磐逃到了济南,益都陷落。

忽必烈见李璮叛变,山东出了大事,就向谋士姚枢询问计策。姚枢回答说:"假如李璮乘我们北征时期留守兵力较少,奔袭燕京,在居庸关挡住我们北征回来的军队,乘中原人心未定,以乱求变,这对他来说是上策;和南宋联合,凭借坚固的城池打持久战,并派兵不断侵扰边境,让我们疲于奔救,这是中策;如果出兵济南,等待山东诸侯响应援救,就是下策,我们就很容易把他抓住了。"

历史中的很多叛乱,都能在短时间内被平定,这说明叛乱既不得人心,也没有做长远的打算,只顾眼前一城一地的得失,错失发展的良机,最后被国家的大军剿灭

而当时李璮采取的就是姚枢所说的下策,他派兵攻打济南,还希望起兵反叛能得到当时其他世侯的支持和响应。

忽必烈见李璮如此行动,就让济南路万户张宏加固城池备战,同时调动其他地方的军队支援。但在诏令还没有到达的时候,李璮就已经兵临济南城下,张宏的兵力不足一千,只好弃城北上。

后来,张宏和忽必烈调来的其他各路大军会合,才开始反攻济南。忽必烈围困济南将近四个月,李璮军的粮草难以为继,城中甚至到了人吃人的地步。在这种形势下,李璮军的军心已经涣散,大家都知道仗打不赢,也不愿为李璮卖命了。

李璮自知大势已去,就吩咐众人,让他们各寻出路,而他自己则亲手杀死了自己宠爱的小妾,然后乘船到大明湖投水。不料大明湖的水太浅了,李璮没有被淹死,却被攻入济南城的元军擒获。李璮被俘之后,他的残部也迅速投降了。李璮之乱就此平定。

其实,起兵之前,李璮曾联络过其他世侯,希望他们助自己一臂之力。可谁知,响应者寥寥无几。而像史天泽、严忠范等大世侯,则听从忽必烈的命令前来讨伐他。

其实忽必烈颇得中原人心,再依托中原人力物力的支持,更进一步把汉人世侯笼络到自己周围。这些世侯投靠蒙古已久,早已与蒙古朝廷结成了俱

> **知识链接**
>
> **行省制度**
>
> 忽必烈建立元朝之后,为了加强中央集权,制定了行省制度,这一制度一直影响到现在。元朝在中央设立了"中书省",总领全国政务,并直接管辖山东、山西、河北和内蒙古等"腹地",接着又在全国设了10个行省,即岭北、辽阳、河南江北、陕西、四川、甘肃、云南、江浙、江西、湖广。

荣俱损的利益关系,他们既然已经在新政权中找到了自己的位置,又怎么肯轻易冒险反叛?

李璮错判形势,鲁莽冒险,最后落得个身败名裂的下场。

古代起兵造反如果失败了,将面临诛灭九族、满门抄斩、屠城等严酷处罚,首先造反的人还可能被施以各种极刑,受尽折磨。所以,一旦造反失败,几乎都会选择自杀,否则等待他们的将是最严酷的惩罚

东征日本

忽必烈做的另一件大事，就是征讨日本，然而这件事却以失败告终。中国与日本自古交往密切，唐朝时日本更是向中国派遣多批"遣唐使"，中日两国交往密切。忽必烈登上元朝汗位后，也开始关注日本。

至元三年（1266年）、至元五年（1268年），忽必烈两次派兵部侍郎黑的等使臣赴日本，表达了与日本通好的愿望。但当时日本的真正权力掌握在武士集团镰仓幕府手中，镰仓幕府的首领并不打算顺服元朝，断然拒绝了元朝通好的建议。

日本两次拒绝通好，让忽必烈很恼火，于是他下诏给高丽，让高丽派兵屯田，做好攻打日本的准备。同时，忽必烈还想不战而屈人之兵，于是就在至元七年（1270年）委任赵良弼做国信使，带着国书去招抚日本。

赵良弼一行人乘船到了日本的金津岛，当天晚上，金津岛的守将让元朝使者进入了一个板屋，还让士兵把他们围了个严严实实，并熄灭了蜡烛，在屋外高声恐吓，而赵良弼却泰然自若。

等到天亮了，日本太宰府的官员过来问使者为何而来，赵良弼说明了想要通使日本的意愿。那位

> **知识链接**
>
> **遣唐使**
>
> 唐朝时，日本仰慕唐朝文化，派大量使节团和访问学者来唐，史称"遣唐使"。日本先后派出十几批遣唐使，每批都达数百人。
>
> 遣唐使学习结束后，将唐朝的法律、文化、艺术、科技等引入日本，深刻影响了日本的社会生活，至今仍能在日本看到唐朝的痕迹，这些都是遣唐使的影响。

官员知道了，就请求赵良弼给他们大元朝廷的国书。

赵良弼义正辞严地说："一定要见到你们国王，才会给你们国书！"过了几天，那位官员又来求取国书，并说："我国太宰府以东的地域，自上古以来，从来没有使臣到过。现在你们遣使到了这里，却不授予国书，从哪里能看到你们取信国王的诚意呢？"

赵良弼对历史很熟悉，他马上回应说："当年隋文帝派裴清来，日本国王在城郊就迎接了他，当时礼节很完备。唐太宗、唐高宗时，派遣使者来都见到了日本国王，如今你们的国王为什么独独不见大元朝的使臣呢？"那位官员自知理屈，无话可说，可他之后又反反复复地索要国书，甚至用武力威胁赵良弼，宣称镰仓幕府的首领征夷大将军要带着十万大军来求取国书。

知识链接

元大都

忽必烈登基之后，下诏迁都北京，并改名为元大都。元大都是元朝的首都，由元代科学家刘秉忠规划建设。元大都始建于元代至元四年（1267年），以琼华岛（今北海）为中心兴建宫城、皇城、坛庙等。

赵良弼依然不为所动，说："见不到你们的国王，哪怕割下我的首级，你们也取不了国书！"日本官员知道无法让赵良弼屈服，就派人把赵良弼他们送回对马岛。

赵良弼回到大都之后，忽必烈详细询问了赵良弼出使的经过，听完不禁感叹："你可以说是不辱使命啊！"经历了这件事，忽必烈想出兵征讨日本，赵良弼却不同意。赵良弼说："微臣在日本居住了一年多，观察日本民俗，觉得他们狠勇嗜杀，不知道有父子之亲、上下之礼。日本国土多山水，不利于耕田、种桑。得到日本的话，他们的人民不能役使，他们的土地也不富饶。况且军队乘舟渡海，而海风无期，祸害难以预测。攻打日本就是用有限的民力去填无底洞啊，我劝陛下不要攻打日本。"赵良弼不顾自己曾经受到日本的不友好对待，以国家大局为重，反对进攻日本。

可是忽必烈最终没有听从他的意见。1274年，忽必烈决定发兵征讨日本，他命令高丽造了几百艘大战船，还设置了征东元帅府。蒙古军、汉军以及高丽军乘着大小战船，浩浩荡荡地开拔，去征讨日本了。

最开始，他们先侵袭了对马、一岐两个岛屿，然后进入博多湾。不久，元军在金津等港口登陆。日本守军顽强抵抗，而元军一路舟车劳顿，这时已经很疲惫了，又遇到了如此顽强的抵抗，就没能继续深入，而是退回到了战船上。

▲ 元代钧窑月白釉双耳三足炉

元朝的诞生 | 东征日本

到了晚上，博多湾起了台风。元朝的战船可不像现在的军舰那样坚固，遇到迅猛的台风，战船就损坏了很多，只好赶紧撤回。第一次征讨日本以元军失败而告终。

元朝征服南宋后，再次出兵征讨日本。1281年，忻都、洪茶丘和金方庆等率领东路军，乘着战船，开始了第二次征讨日本的战争。

后来史学家分析，当年元朝严重低估了日本的军事实力，觉得他们抵抗不了多久。同时，元军武器并不占优势，或者说处于劣势。例如，蒙古人引以为豪的复合弓在日本的湿润环境中，很容易脱胶，无法正常使用，还不如日本的单体弓。再者，元军中有很多南宋降兵，他们不愿意为元军卖命，大幅度削弱了元军的作战能力。

元军开始时很顺利，再次攻打了对马岛、一岐岛，然后在博多湾附近的志贺岛登陆了。可是日本这次已经有了防备，在博多湾沿岸修筑了防御工事。中日双方在志贺岛进行了殊死搏斗，元军没能取胜，只好退守旁边的鹰岛。

之后，从江南征发来的军队乘船抵达了平户岛，江南军和第一支元军在鹰岛会合了。

有人建议立刻发兵进攻太宰府，但指挥官们意见不合，争执了半天也没有取得一致意见，以致军队逗留了很久，失去了战机。

一天半夜，飓风大作，浪涛如山，元军的战船大多都绑在一起，在飓风中相互碰撞，船又损坏了很多，士兵落入海中淹死的数不胜数。元朝的大将忻都、洪茶丘、范文虎等人挑了艘好船，扔下大军，自己逃回来了。留下的元军大部分被日本人消灭了，一部分被俘，这次出征的十几万元军最后回来的只有五分之一。第二次征讨日本的战役也以元军的失败而告终。

元朝军队在欧亚大陆上所向披靡，在日本却屡遭挫折，一是因为军队不擅海战，二是指挥不力，三是不得民心。

忽必烈两次东征日本，最后都以失败告终，劳民伤财，给两国人民带来了巨大的灾难，是忽必烈一生中的重大失误。

▼ 元代青花莲花纹盘

贤德的皇后察必

有人说,每个成功的男人身后都有一个优秀的女人做帮手。忽必烈就有这样一个好帮手,这就是他的皇后察必。察必是济宁忠武王按陈的女儿,于中统元年(1260年)被忽必烈立为皇后。察必生性仁慈,深明大义,遇到事情敢于进谏,成为忽必烈的得力助手。

忽必烈登基后,想到太祖创业艰难,特别从成吉思汗的故地带回青草,种在大内,取名为"誓俭草",用以告诫子孙节俭。作为忽必烈的皇后,察必皇后也以身作则,崇尚节俭。她曾经将宣徽院废弃的羊前腿皮收集起来做成地毯,又带领宫人把废弓弦加工编织成布匹。

察必皇后心灵手巧,很会关心自己的丈夫。相传,有一次忽必烈打猎回来,抱怨太阳的光线刺眼,察必皇后就进行了创新,将传统的帽子加上前檐来遮挡阳光。她又创制了一种有裳无衽、无领无袖、前短后长的上衣,以便骑射时穿,称为"比甲"。"比甲"很方便骑马射箭,一时之间,大家竞相仿效。

察必皇后不但是一个贤惠的妻子,还是一个杰出的皇后,她很明白国家治乱兴衰的道理。1276年,元军攻占南宋都城临安,俘虏了宋恭帝和他的母亲全太后。在元朝上下庆祝胜利的时候,察必皇后却

▲ 察必皇后

知识链接

临安

临安是南宋王朝的都城所在地,位于浙江省杭州市。靖康之难后,宋徽宗、宋钦宗被金兵俘虏,北宋灭亡。赵构建立南宋后定都杭州,改杭州为临安府。在南宋一朝,临安战乱较少,经济发达,文化昌盛,成为全国的政治、经济、文化中心。

显得很感伤。

忽必烈不禁问她："我现在平定了江南，从此可以不用兵甲，大家都很高兴，只有你不高兴，这是为什么呢？"她回答说："臣妾听闻，自古没有延续千年的国家，不要让我的子孙沦落到那种样子，则是万幸啊。"

忽必烈将南宋府库的宝物在大都展览，并让宫人分享，察必皇后又说："宋人贮蓄财物留给他们的子孙，子孙不能守住家业，而财物归了我们，想到他们的遭遇，我怎么忍心取走一物！"察必皇后不忘用南宋亡国的命运来提醒忽必烈，一定要勤俭治国，才能保住天下。

察必皇后为人还非常善良。南宋的全太后被押解到大都,她因水土不服生起病来。察必皇后出于同情,多次向忽必烈请求让她返回江南。忽必烈认为全太后回到江南会被反元势力利用,因此斥责察必皇后的这一建议是缺乏远虑,但他一想到察必的善良,也不忍心再多指责她,只是建议察必皇后多对全太后关心体恤。

忽必烈有这样一位节俭、聪明、善良并且明白治国道理的皇后,真是一种福气。

> **知识链接**
>
> **水土不服**
>
> 水土不服指到一个新环境后,人们不适应该地的天气或饮食习惯,进而产生不良反应。该词最早出现在《三国志·吴志·周瑜鲁肃吕蒙传》"不习水土,必生疾病。"

马可·波罗

你一定听说过马可·波罗这个人和《马可·波罗游记》这本书吧?马可·波罗是一位到过中国的意大利人,《马可·波罗游记》人称"世界一大奇书",是世界历史上第一部将地大物博的中国向欧洲人作出详细介绍的著作。

书中用大量篇幅和热情洋溢的语言记述了中国无穷无尽的财富、巨大的商业城市、极好的交通设施,以及华丽的宫殿建筑。

《马可·波罗游记》打开了欧洲人的地理和心灵视野,掀起了一股东方热,引起了欧洲人此后几个世纪对中国的向往。许多人开始涌向东方,学习东方。为了寻找去东方的近路,哥伦布无意中发现了北美洲,从此欧洲经历了翻天覆地的变革。

《马可·波罗游记》的作者马可·波罗，出生在意大利著名的商业城市威尼斯。他的家族世代经商，他的父亲和叔父常年奔走于地中海东部，进行商业活动。他们曾经到过中国，并见到了元世祖忽必烈。等到马可·波罗的父亲、叔父回到威尼斯的时候，马可·波罗已经15岁了。父亲和叔父给马可·波罗讲了不少有趣的旅途见闻，这让他向往不已，从那以后，马可·波罗就一直梦想到东方游历。

公元1271年，马可·波罗长久以来的愿望终于实现了。他的父亲、叔父决定再次动身，启程去往遥远的中国。这一次，他们决定让马可·波罗一路随行。就这样，马可·波罗收拾行囊，和父亲、叔父踏上了漫长旅途。

他们乘船从威尼斯出发，一路穿过地中海，抵达了小亚细亚半岛，然后走陆路继续向东行进。可是，谁也没想到，马可·波罗在到达阿富汗东北方向的高原山地时，突然一病不起。父亲、叔父为了照顾他，只好暂缓行程。直到一年之后，马可·波罗完全康复，他们才继续上路。可是，接下来的旅程却愈发艰难。不过，马可·波罗硬是凭借坚强的意志坚持了下来。就这样，他们翻越帕米尔高原，走到新疆喀什，然后顺着塔克拉玛干沙漠边缘一路向东，终于在公元1275年到达了元上都，之后，他们一行又来到了元大都。要知道，这段旅程足足耗时三年半，其中的艰辛可想而知。

> **知识链接**
>
> **威尼斯**
>
> 威尼斯是意大利著名的旅游与工业城市，位于意大利东北部。威尼斯是13世纪至17世纪末的商业艺术重镇，当地的建筑、绘画、雕塑、歌剧等在世界上有较高的地位。
>
> 威尼斯遍布蜿蜒的水巷，有"水城"的美誉，被称为世界最浪漫的城市之一。

元朝的诞生 | 马可·波罗

在元大都,马可·波罗和父亲、叔父一起觐见了忽必烈。忽必烈非常高兴,不仅在宫中设宴热情款待了他们,而且还留他们在大都久住。马可·波罗十分喜欢东方文化,没用多长时间就掌握了元朝礼仪,而且还学会了蒙古语。忽必烈见马可·波罗思维敏锐,所以很器重他,不但授予他官职,还经常派他去各地访问、游历,极大地开拓了马可·波罗的眼界。

《马可·波罗游记》记载,马可·波罗从大都出发,经由河北去过山西、关中一带,再从关中翻越秦岭抵达成都、建昌,而后进入云南昆明等地。此外,他还去过不少江南名城,宝应、高邮、泰州、扬州、南京、苏州、杭州、福州、泉州、淮安等城市,在《马可·波罗游记》中都有相应记载。据称,马可·波罗曾在扬

马可·波罗观览了元朝的繁华,这为他以后口述《马可·波罗游记》提供了很好的素材

州任职三年。而且，他受元朝朝廷之命，曾去过缅甸、越南、菲律宾等国家。

就这样，马可·波罗一行在中国居住了十几年。

马可·波罗告别东方的辉煌，回到欧洲的时候，家乡却陷入水深火热之中，家乡威尼斯与热那亚之间爆发了战争。马可·波罗怀着一颗爱国之心参战了，可他毕竟是个游历的商人，而不是久经沙场的战士，所以不幸在战争中被俘了，被关进了监狱。

马可·波罗见多识广，热那亚人关心他提供的商业信息，尤其是关于丝绸之路的信息。于是他受到了特殊关照，得以在狱中口述东方见闻，最后同室难友、传奇作家鲁思蒂谦诺根据马可·波罗的口述及其后来补充的相关笔记，把这些见

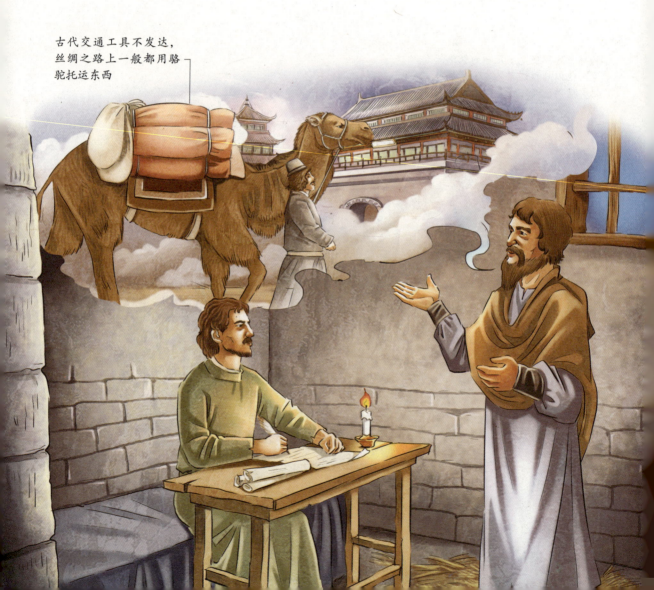

古代交通工具不发达，丝绸之路上一般都用骆驼托运东西

闻事迹写成了书稿，于1298年完稿。这本书被称作《马可·波罗游记》。

《马可·波罗游记》中记载了当时欧洲人所未知的奇闻异事，于是书的真实性也遭到了人们的怀疑和讽刺。有人认为马可·波罗在元朝的经历完全是荒诞的捏造。可是国内著名历史学者杨志玖先生找到了马可·波罗来过中国的铁证，他在《永乐大典》残篇《经世大典》的"站赤"篇中找到一条记载，和《马可·波罗游记》完全一致，从而可以证明马可·波罗的确到过中国。

▲《永乐大典》

《永乐大典》是明朝永乐年间编撰的百科全书，由姚广孝、解缙主编，是集中国典籍之大成于一身的旷世大典，也是迄今为止世界最大的百科全书。

书中保存了14世纪以前中国历史地理、文学艺术、哲学宗教和百科文献，共计22937卷，约3亿7千万字，规模远远超过了前代编纂的所有类书。

尼波罗巧匠阿尼哥

另一位为元朝效力的有名的外国人是阿尼哥。阿尼哥是尼波罗国（今尼泊尔）人，是一位王室后裔。阿尼哥从小就与一般孩童不同，特别聪明。阿尼哥的同学中，有学习绘画或雕塑的，他们在读一本关于建筑工艺的书——《尺寸经》时，阿尼哥听他们读了一遍，便能记住。长大后，阿尼哥成了一个多才多艺的人，善于绘画、雕塑，还能铸造金属雕像。

中统元年（1260年），元世祖忽必烈命帝师八思巴在吐蕃建黄金塔，并且发了诏书，想要从与吐蕃接壤的尼波罗国挑选一百个工匠去完成黄金塔的工程，年仅17岁的阿尼哥主动请求前往。众人认为

知识链接

帝师八思巴

八思巴是大元帝师，吐蕃（今西藏）人。1244年，年仅10岁的八思巴来凉州学习汉文化与蒙古文化。元世祖忽必烈即位后，八思巴被尊为国师，同时也是大元帝师，统领天下佛教徒。后来他担任总制院事，统辖西藏地区的事务。八思巴创制了蒙古新字，对蒙古文化的发展做出了突出贡献。

他年龄太小了,难当此任。

阿尼哥却说:"我年龄小,但心思成熟。"于是大家才让他跟工匠们一起去。

主持黄金塔工程的帝师八思巴一见到阿尼哥,就感到他有出奇之处,就给予这个孩子重托,任命这个孩子监督黄金塔工程。第二年,黄金塔落成,阿尼哥要求返回尼波罗国,帝师却鼓励他到蒙古的朝廷去。于是,他便削发受戒成为八思巴的弟子,随这位帝师入朝。

忽必烈见到阿尼哥,认真看了他很久,问道:"你小小年纪来我这泱泱大国,不害怕吗?"阿尼哥大方地回答说:"圣人像对待自己的孩子一样抚育万方臣民,那么,孩子到父亲面前,有什么可害怕呢?"

忽必烈又问:"你为什么来这儿?"阿尼哥说:"我奉命在西域吐蕃建塔。虽然塔两年就建好了,可是那里民不聊生,兵士疾苦,希望陛下救救他们。所以,我跋涉来到这儿,是为了百姓的生死存亡。"

忽必烈听罢,继续问:"那你有什么本领?"阿尼哥回答:"我比较擅长铸金、雕塑和绘画。"

于是,忽必烈见这个孩子很聪明,又有会铸金的手艺,就命人取来明堂针灸铜像给阿尼哥看,并说:"这是宣抚使王楫(jí)出使南宋时进献的,关膈脉络都还完备,但年久损坏,没有能将它完整地修好的人,你能铸一尊新的吗?"

阿尼哥答道:"我虽未曾做过这个,但我可以试试看。"

至元二年(1265年),由阿尼哥铸造的新

▲ 阿尼哥铜像

元朝的诞生 | 尼波罗巧匠阿尼哥

针灸铜人铸成了,经络穴位都很精确,金匠们赞叹他巧夺天工,没有不佩服的。此后,大寺庙建塔、造像及重要的绘画、雕塑等工事,大多委派给了阿尼哥。

阿尼哥还用镔铁制作了七宝法轮,皇帝车队出行,就用这七宝法轮当前导。他还用丝织

成原太庙中各位皇帝的像,人们看了都说连图画也没有这些织物逼真。

阿尼哥不但技艺高超,他还带出了他的中国徒弟。在阿尼哥主持建造护国仁王寺时,汉族巧匠刘元也被召去参加佛像的塑造。借此机会,刘元跟阿尼哥学习了塑造佛像的方法,亦称绝艺。出自刘元之手的佛像,神思妙合,天下人无不称道,刘元就成了仅次于阿尼哥的著名塑像工艺家,阿尼哥在当时的影响可见一斑。

元朝疆域辽阔,文化包容,所以来自尼波罗的优秀工艺师,才得以发挥专长,对中国造型艺术的发展做出重大贡献。

> **知识链接**
>
> **刘元**
>
> 刘元,字秉元,今天津市宝坻区人。刘元从小心灵手巧,聪颖好学。后跟随阿尼哥学习雕塑,几年后其雕塑就已经做得惟妙惟肖,栩栩如生,受到天下人称赞。

理财师阿合马

忽必烈不仅任用能工巧匠为他塑造佛像,还重用了很多大臣,帮助他治理国家。忽必烈在位时,为了管理泱泱大元的财政,任用了一位著名的理财师,就是回族人阿合马。

阿合马出生在花剌子模。早年间,他先是投靠按陈那颜,也就是忽必烈皇后察必的生父,之后渐渐成了察必皇后的侍臣。公元1262年,忽必烈让阿合马兼任诸路都转运使,统领中书左右部,全权负责财赋工作。阿合马是回族人,善于迎合忽必烈急于富国、敛财心切的心理,因此获得了

▲ 元代扛牌人物雕砖

在政坛初露头角的绝好机会。

阿合马采取振兴冶铁行业、放开民间煮盐以提高盐税收入等手段增加了国家的财政收入，受到忽必烈的器重。

至元七年（1270年），元朝设立了尚书省，让阿合马当了平章尚书省事。阿合马善于阿谀奉承，为人很有小聪明，众人都称赞他的才能。忽必烈想尽快让朝廷有充足的资金，很看重阿合马的理财本领，因此就试着委任阿合马做事情，阿合马取得了一定的成绩。

忽必烈又见阿合马和丞相线真、史天泽等人争辩，他们都不是阿合马的

▲ 阿合马

对手，于是他更加坚定地认为阿合马是个奇才，就给了他很大的权力，阿合马的建议忽必烈无不听从。

阿合马自恃有忽必烈对他的信任，竭力攫取权力，想控制朝政，因此和当时的丞相安童产生了尖锐的矛盾。因为阿合马的聚敛政策符合了忽必烈的需要，忽必烈默许了阿合马的飞扬跋扈，丞相安童的权力渐渐被剥夺殆尽。

两年后，元朝并尚书省入中书省，原来任平章尚书省事的阿合马，如今又摇身一变成了中书平章政事，进一步控制了中书省。丞相安童认为阿合马滥用国家财权，对国家和百姓危害都很大，于是上书忽必烈，弹劾阿合马。但忽必烈并没有听信，他还需要这个理财能手给他筹钱呢。安童反而在1274年被排挤出了中书省。

阿合马获得了很大权力，更方便了他利用权力搜刮钱财，很多大臣都对阿合马进行了弹劾，但一概没有效果。在位日久的阿合马越来越贪婪蛮横，对民间横征暴敛，在朝廷里结党营私，诬陷、冤杀和自己政见不合的人。阿合马本人也知道自己和很多人有很深的积怨，所以他平时极为小心警惕，身边常常有卫士随从，每天睡在哪里也不让人知道，以防不测，整日都提心吊胆的。

然而，阿合马最终还是没有逃脱惨死的命运。至元十九年（1282年），忽必烈去了上都，太子真金也跟随忽必烈去了。

知识链接

真金太子

真金，原名孛儿只斤·真金，是元世祖忽必烈的第二个儿子，母亲是察必皇后。他从小师从姚枢，积极学习汉文化，崇尚儒家学说，主张以儒治国，减轻赋役、清廉节俭。后来他被封为太子，参与了元世祖时期的政治活动。但还没等到即位，他就在权力斗争中死去了。

元朝的诞生 | 理财师阿合马

当时有个人叫王著，是益都千户，他向来疾恶如仇，知道当时人人痛恨阿合马，于是他就偷偷铸造了一个大铜锤，发誓要用它击破阿合马的脑袋。恰好那时有个妖僧，叫高和尚，传说他可以施行秘术，驾驭鬼怪来作战。为了从军队中逃脱，高和尚把他的一个徒弟杀死，用徒弟的尸体伪装成自己，然后顺利逃脱了，没有人知道他还活着。

王著就和这个高和尚密谋除掉阿合马，他们集结了八十多人，趁夜进入京城，诈称皇太子要回大都做佛事，骗阿合马来参加，准备在东宫门前诱杀阿合马。阿合马一到，王著就从宽大的袖子里掏出一只大铜锤，一下砸碎了阿合马的脑袋，阿合马当场毙命。

这个消息很快传到了忽必烈耳中，忽必烈让枢密副使孛罗、司徒和礼霍孙、

参政阿里等快马赶回大都,捉拿作乱的人,王著、高和尚等都被抓捕杀掉了,王著临刑前还大喊道:"我王著为天下苍生除害,今天我死了,以后一定有史书来记载我的事情!"

阿合马死了,忽必烈还把他当作忠臣,直到询问枢密副使孛罗时,才了解到阿合马的种种罪恶。忽必烈见这位奸臣竟能那么久地骗取自己的信任,生气地说:"王著杀他,杀得真对!"然后命人将阿合马发墓剖棺,戮尸于通玄门外,让恶犬吃他的肉,围观的官员百姓无不击掌称快。

> **知识链接**
>
> **忠爱坊**
>
> 咸阳王平章政事赛典赤·赡思丁为百姓办了很多好事,人们为了纪念他,便建立了忠爱坊。塞典赤曾开发金汁河使上万亩良田得到灌溉,百姓都称赞他"忠于君而爱于民",所以取名为"忠爱坊"。

赛典赤治理云南

元朝有一位名臣叫赛典赤,是元朝杰出的政治家,他治理陕西,开发云南,是值得纪念的回族历史人物。如今屹立在昆明市中心三市街口的"忠爱坊",就是昆明人为纪念赛典赤而建的,至今很多云南人讲起赛典赤来还津津乐道。

1211年,赛典赤出生在不花刺,也就是今天乌兹别克斯坦的布哈拉。成吉思汗西征时,赛典赤率领一千名骑兵投降了。成吉思汗让他进入宿卫的军队中任职,跟随成吉思汗继续征伐。西征结束后,他随着蒙古军队来到了中国。

忽必烈即位后,重用赛典赤,拜他为中书平章

▲ 赛典赤墓

元朝的诞生 | 赛典赤治理云南

政事。至元七年（1270年），赛典赤镇守四川，而那时宋朝将领昝（zǎn）万寿拥强兵镇守嘉定，两军对垒。赛典赤对待昝万寿很有诚意，不肆意侵犯掠夺，昝万寿暗自佩服他。

不久，赛典赤被召回，临走时昝万寿置办酒宴想与他送行。赛典赤的左右随从为此都很为难，唯独赛典赤毫不怀疑地就去赴宴了。

酒上满之后，左右随从又劝赛典赤说："不能喝，也许昝万寿会下毒。"赛典赤却笑着说："你们的心怎么那么小呢！纵然昝将军能毒死我，难道他还能把

我朝之人都毒死吗！"昝万寿得知此事，也为赛典赤的气度和智慧深深叹服。

至元十一年（1274年），忽必烈召见赛典赤，对他说："我曾到过云南，那里地处边疆，环境复杂，居住着很多个民族，要是委任不当，让我特别不安，所以想选个严谨忠厚的人去治理，没有比你更合适的了！"于是，他拜赛典赤为云南行中书省平章政事，同时赏赐他五十万缗（mín）钱和数不清的金银财宝。赛典赤在云南任职期间，于至元十三年（1276年）把云南省会从大理迁到昆明，从此昆明一直作为云南省会。

赛典赤治理昆明，以兴修水利为重点。昆明城南有滇池，方圆五百余里，上游水源来自盘龙江、宝象河、海源河、银汁河、金汁河、马料河六条大河，大理国后期战乱失修，河道淤塞泛滥，淹没农田。赛典赤兴修水利的第一步就是除去滇池盆地水患，疏浚河道，设大坝、水闸来节水分流。缓解滇池上游压力最为重要的松花坝水库就肇（zhào）始于赛典赤。接下来是治理河道。他让人们把滇池下游的淤泥、砂石清除，这样滇池的水能流入金沙江。

虽然这项工程历时三年才完成，不过却为滇池地区带来了巨大改变。有关史料记载，滇池地区自此牛羊成群，鱼虾满江，十分富饶。

1279年，赛典赤病逝，百姓在街上聚集起来为他哭泣，十分哀痛。忽必烈也下诏，让大家铭记赛典赤的功劳。

知识链接

海云禅师

海云是金元之际北方佛教的临济宗师，对元代临济宗乃至整个元代佛教的发展产生过重大影响。1217年，元朝大将木华黎攻陷宁远，海云被蒙古人俘虏。后来海云归附了成吉思汗，受到历代蒙古统治者的敬重。贵由汗下诏让他统领佛教徒，这是蒙元帝国命僧官主持全国佛教事务的开始。

刘秉忠和元大都

元朝是蒙古族建立的王朝，然而元朝的国号"大元"却是由一位汉族大臣提出的，他就是元初名臣刘秉忠。

刘秉忠，出生在1216年，他很小便开始入学读书，每天能背诵很多文章。不到20岁，他就做了邢台节度使府的令史，可是在任官期间他却过得郁郁不乐。有一天，他扔下手中的笔叹道："我家世代是名门士族，我却沦为了写文书的小官吏！大丈夫怀才不遇，就应该隐居。"于是，他隐居武安山中，学习全真道。不久，刘秉忠又进天宁寺当了一名僧人。师父见他识文断字，让他掌管书记。后来他又跟随师父去了云中的南堂寺，以后就留在了那里。在南堂寺，他刻苦研习天文、阴阳、术数等书籍。渐渐地，他的才名在佛教界为很多人所知。

▲ 刘秉忠

一次，元朝著名僧人海云禅师被忽必烈召见，在路上经过云中，听说南堂寺的僧人刘秉忠博学多才，就邀请刘秉忠与他同行。二人觐见了忽必烈，忽必烈见刘秉忠读书广泛，天文、地理、律历、奇门遁甲无不精通，对天下之事了如指掌，因而十分赏识他，就把他留在身边，有问题随时向他咨询。刘秉忠成为忽必烈早期的汉人谋士之一。

刘秉忠对如何治理国家很有一套想法，他曾经上书告诫忽必烈可以从马背上夺得天下，却不能在马背上治理天下。他认为，蒙古骑兵虽然能通过武力征服天下，可是却无法依靠武力让天下实现稳定、繁荣，只有充分提倡儒家学说，崇尚历代的三王之道，才能让大元像之前的汉、唐那样长治久安。在此基础之上，他还提出了一些具体措施，如应慎重选拔、任命丞相等人才来主持内政，减轻百姓徭役、赋税，设法禁止官吏贪污、暴力，兴办学堂，制定、完善各项法令，等等。这些建议得到了忽必烈的认可，此后，但凡朝中有什么大事，他都要问问刘秉忠的意见。

忽必烈出征大理的时候，刘秉忠也随行。刘秉忠经常劝忽必烈说，天地仁慈，爱护苍生，而做君主的人英明神武，不随便杀人。忽必烈听从了他的建议，攻克城池时，不乱杀一人。跟随忽必烈伐宋的时候，刘秉忠依然这样劝说忽必烈，因为刘秉忠而活下来的人不可胜计。

忽必烈即位后，刘秉忠的才干得到了进一步发挥。首先，他和当时的名儒许衡共同参酌古今之宜，制定了元朝的官制。他还劝说元世祖采用中原王朝的旧制，设立年号，又取《易经》中"乾元"之意，建国号为大元。所以大元朝的国号实际上是由刘秉忠精心设计的。在刘秉忠的辅佐下，忽必烈重用贤才，朝廷旧臣、隐居山林的贤人都得到了任用，朝政焕然一新，元朝的统治机构不断完备，忽必烈对国内的统治日益巩固和强化。

> **知识链接**
>
> **三王之道**
>
> 史学家称夏、商、周的开国君主夏禹、商汤、周文王为"三王"，把他们统治的时代称为"三世之治"，"三王之道"指他们治理国家的方略。

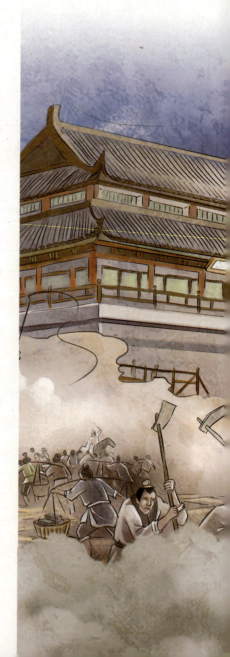

刘秉忠另一重要的贡献是对都城大都的规划设计。刘秉忠在设计新都城时，按照《周礼·考工记》"前朝后市，左祖右社"的礼制，以"中轴布局、左右对称"为原则进行了方案规划，并把这一方案付诸实施。新建的大都城并没有在金中都的基础上扩建，而是位于旧金中都的东北。刘秉忠对大都城的设计是经过了

周密的思考和规划的,这从中心台的设立就可见一斑。中心台作为基准点测定全城的方位,以此为中心,向南正对宫城中心线,向东直通城东中门,向西遥对城西中门和义门,四个城墙到中心台的距离,大致是相等的。

刘秉忠精心设计的大都城,气势雄伟,布局合理、巧妙。其中的街道既宽阔又笔直,单是主干道就有约二十五米宽,就连胡同都宽达六七米。可想而知,车马、行人畅行无阻。历经数百年的洗礼,它一直沿用至今。另外,大都城中还有一项特别的设计,那就是坊市制度。与汉唐时代封闭式建筑不同,它去掉了不必要的高墙,使得整个都城视野看起来更加开阔,很有生气。

从考究的街道、坊制、宫殿、坛庙、衙署等设计之中,我们不难看出,刘秉忠在建筑方面具有极高的造诣。他为建造大都城耗费了大量心血,为世人留下了一座建筑瑰宝。

> ◆ 知识链接
>
> **坊市制度**
>
> 坊指住宅区,市指货物聚散地或者交易区,坊市制度是中国古代将住宅区和交易区严格分开,并用法律严格控制交易时间和地点的制度。按规定,居住区内禁止经商,这个制度从西周开始持续了千年之久。然而随着工商业的发展,以及人口的不断增多,人们对商品交换的需求量不断增加,到唐代后期,坊市制度开始被打破,宋朝时被彻底推翻。

勇于创新的郭守敬

1977年,中国科学院紫金山天文台将一颗小行星命名为郭守敬星。郭守敬是什么人,做过什么了不起的事,让人们这么敬仰他?

郭守敬是元朝时期著名的数学家、天文学家和水利工程专家。宋元时期是中国古代数学发展的高峰，其成就和总体水平都处于世界前列。郭守敬不仅是数学家，还将数学运用到生活中，成为一个伟大的天文学家和水利工程专家。他治理了黄河，编修了《授时历》，声望很高，在太史院一直工作到去世。

郭守敬从小就受到了家庭的熏陶，他的祖父郭荣是一位饱学之士，不仅通晓四书五经，而且精于算数、水利。郭荣还给他请了个好老师，就是元初名臣刘秉忠。当时，忽必烈的重要谋士、大学问家刘秉忠因守父丧，正在邢台紫金山隐居，专心读书。郭守敬的祖父郭荣和刘秉忠是好友，得知这个消息后，就把少年郭守敬送到刘秉忠门下深造。这段深造时间虽然不长，却对郭守敬后来一生的事业很重要。

此后，郭守敬回到了家乡邢台，也渐渐小有名气。不久，邢台一带发起了整治开挖水流河道的工作，就专门聘请了郭守敬负责工程的规划设计。郭守敬依据家传绝学，认真调查勘测，很快就弄清了因战乱而破坏了的河道系统。在郭守敬的指点下，人们还一举挖出了已被埋没了近三十年的石桥遗物。这项工程受到了时人的传颂。

至元元年（1264年），张文谦作为朝廷的代表去治理西夏水利，郭守敬也跟随张文谦一起去了。以前，那里有两条古渠，一条叫唐徕，一条叫汉延，还有其他的正渠十条，大大小小的支渠六十八条，

▲ 《授时历》

知识链接

《大明历》

《大明历》由南北朝时期著名的数学家、科学家祖冲之创立。祖冲之首次在历法中引入"岁差"的概念，使历法更加精确。

《大明历》在当时是最精确的历法，被确定为通用的历法。

这些纵横交错的河渠灌溉了九万余顷良田。经历了兵乱，河渠都毁坏淤塞了，发挥不了原来的灌溉作用，影响了当地的农业生产。郭守敬去了就重新修筑了闸堰，使河渠恢复了使用，受到当地人民的爱戴。

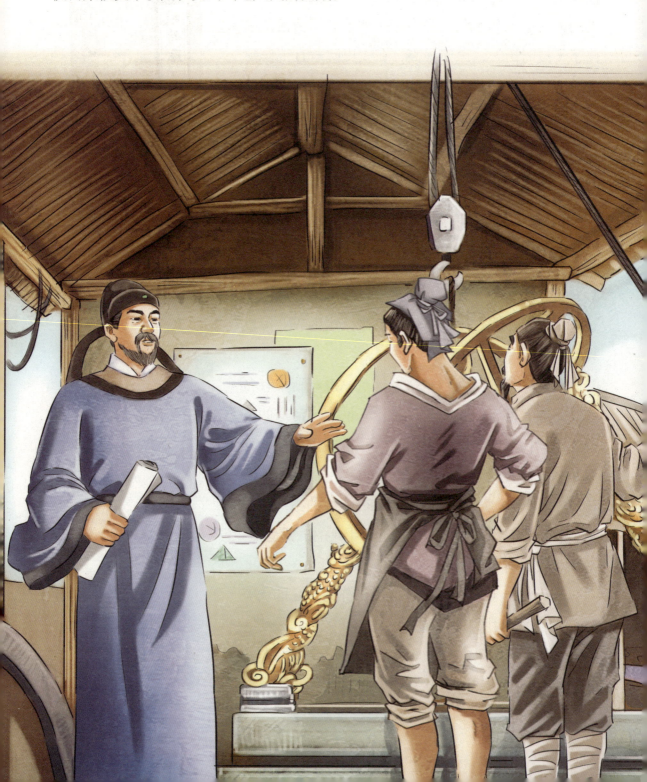

《大明历》从辽、金以来，已经用了两百余年，存在误差，应该修正了，元军攻克南宋首都临安之后，全国统一在望，忽必烈就想编修新皇朝自己的历法。于是，他下令设置太史院，编修新的历法，郭守敬也参加了历法的编修工作。

郭守敬在编修历法的工作中发挥了惊人的创造力，他发明了十多件天文仪器，把我国优秀的天文仪器制造水平推向了新的高峰。他组织并亲自进行了大量的天文观测，为制定新的历法提供了坚实的观测基础。

至元十七年（1280年），新历终于初步告成，被定名为《授时历》。次年，由郭守敬负责整理和总结新历资料的浩大工程。几年后，他整理完成《推步》七卷、《立成》二卷、《历议》三卷，详细记载了历法计算的步骤方法、各种天文计算表，还总结了历代历法的得失和新历的优点，从而使《授时历》得以流传后世。

郭守敬有了很多天文和水利工作的实践经验，声望也越来越高，太史院的许多工作都要依赖他，水利方面的事情也要他出谋划策。

到了元成宗的时候，政府规定年满七十岁的官员都可以退休，但是郭守敬的工作实在太重要了，朝廷离不开他，所以破例不准他退休。由此，还形成了一个新例：太史院的天文官都不退休。就这样，郭守敬一直兢兢业业地工作，直到元仁宗延祐三年（1316年）去世。

在水利工程中，水闸作为挡水、泄水或取水的建筑物，应用广泛

名儒郝经

▲ 郝经

刘备三顾茅庐请诸葛亮出山的故事人人皆知，忽必烈也曾两次请一个人出山，这个人就是元初的名儒郝经。郝经出身书香门第，他的祖上八代都学习儒学，以授课讲学为生，金末大文学家元好问就是郝经祖父郝天挺的学生。

郝经幼年适逢蒙古兵南下、中原残破之际，父亲带着一家人在河南鲁山一带避乱。幼小的郝经饱受战乱之苦。他母亲在一次逃难时藏身在一个地窖中，当时正好在打仗，有士兵用烟火熏燎洞口，郝经的母亲险些丧命。郝经本人则在颠沛流离中也几度面临死亡的威胁。金亡之后，郝经举家迁徙到舜天，家境贫寒，只能租别人的房子居住，十一年间竟然搬迁了十次。为维持生计，郝经的父亲本打算让郝经帮忙做家事，单供郝经的弟弟读书。幸运的是，郝经的母亲觉得他志向远大，有才能，值得栽培，力主他继续学业、发扬家风，郝经才因此不致辍学。郝经十分珍惜来之不易的读书机会，除了帮家里背柴挑水、舂米种田之外，他把所有时间都用来发愤苦读，日诵二千言为课，晚上则衣不解带，奋笔疾书。这样紧张忙碌的生活，郝经一直过了五年。

成年之后，郝经的名气越来越大。他先后被蒙

> **知识链接**
>
> **三顾茅庐**
>
> 东汉末年，刘备三次到南阳邓县隆中诸葛草庐请诸葛亮出山辅佐，充分展现了自己的诚意。后来这件事情被传为佳话，渐成典故，比喻真心诚意，一再邀请。

古元帅贾辅和张柔聘请,在他们家中设立学馆,教书育人。张柔家中藏书很多,他允许郝经一一阅读,郝经把这些书都看了,眼界更加开阔,学识上也有了极大长进。在贾、张二人家中做教师期间,郝经结识了金朝遗老元好问和理学大师赵复。于是,他就和元好问探讨写文章、写诗的方法、技巧。郝经赞赏元好问的学问和为人,称他为"一代宗匠",并向他执弟子礼。郝经多次拜见赵复,与他交游论道。赵复十分赏识郝经,称江左一带像他一样读书、做学问的人很多,但像他那样一身浩然正气挺立于天地之间的,很少见。

> **知识链接**
>
> **元好问**
>
> 元好问是金蒙时期的著名文学家。他自幼聪慧,被人们称为神童。后来他考中进士,开始在金朝做官。金朝灭亡后,元好问被蒙古国囚禁数年,晚年回到故乡开始潜心著述。
>
> 他擅长写诗、文、词、曲,其中以诗成就最高,词也是金代一朝之冠,被尊为"北方文雄",是宋金对峙时期北方文学的主要代表。

忽必烈也听说了郝经的才名,就派遣使者召见郝经。但是,郝经没有应召觐见忽必烈,而是草拟了一道名为《河东罪言》的文章托使者带回。郝经的文章列举当时的种种弊政,描述了人民生活的困苦,希望忽必烈实行休息民力的政策。这篇文章触动了忽必烈,隔了两个月,忽必烈再次派使者征召郝经。忽必烈两次派人请郝经出山,郝经很感激忽必烈的知遇之情,他感到自己的才识有了用武之地,因此不再犹豫,收拾行囊去见忽必烈。

1256年,两人终于相见了,忽必烈向郝经询问了治理国家、安定百姓的方法,以及当务之急是什么,郝经回答得头头是道。

后来,郝经的一系列建议大都得到了实行。从此,他成为忽必烈帐下一名重要的谋士,运筹帷幄,出谋划策,对忽必烈夺取汗位和即位后汉化政策的制定,都有很大贡献。

忽必烈即位后，召来郝经，派他去南宋议和。这可是一个难办的差事，而且要冒很大的危险。当时蒙古与南宋时战时和，南宋的权臣贾似道曾在鄂州向蒙古乞和，私自订下城下之盟，却向朝廷报告说取得了大捷，贾似道怕蒙古使者揭发此事，所以郝经一进入宋朝疆界，就被秘密囚禁，从此身陷囹圄达十六年之久。他在狱中几次被威逼，也没有动摇。

在这十六年里，有一次他找到了一只健壮能飞的大雁，在雁脚上捆上蜡书，然后放飞大雁，希望大雁能传递消息给朝廷。

元朝的诞生 | 名儒郝经

直到1275年，郝经才被救出来。同年，溘然长辞。他一生做了两件大事：一是呼吁元朝统治者推行汉法，从而为元朝统治中原提供合法的理论依据；二是敦促南宋朝廷承认元朝中原之主的合法地位，并采取合作态度，以避免生灵涂炭，还能延缓南宋王朝的灭亡。

郝经饱览群书，著述颇丰，主要有《续后汉书》《春秋外传》《周易外传》《太极演》《原古录》《通鉴书法》《玉衡真观》等专著。目前仅存《续后汉书》

▲ 《续后汉书》

九十卷与《陵川集》三十九卷，是研究郝经本人以及宋末元初文人思想的珍贵史料。

许衡不食无主之梨

　　大家都知道孔融让梨的故事，其实还有一个许衡不食无主之梨的故事，一样精彩。许衡，字仲平，是元朝杰出的思想家、教育家，对天文历法也很精通。许衡在河南新郑出生，家里世代为农，从小他就具有非凡的气质。

　　七岁时，许衡开始上学，老师教他古文的分章分段和语句停顿。许衡问他的老师说："读书是为了干什么呀？"老师不假思索地回答说："为了科举中第啊！"许衡困惑地说："只是为了这个吗？"老师听了，觉得许衡很有想法，大为惊讶。

　　老师每次教许衡读书，他都要对书中内容问个究竟。时间长了，老师就对他的父母说："许衡这个孩子太聪明了，以后一定能远远超出普通人的，我当他的老师不够格。"于是告辞离去，许衡的父母极力挽留，也没有把老师留住，只好换一个老师教他。但是换了别的老师，其他老师也一样这么说，最后一共换了三个老师。

　　长大之后，许衡依旧十分爱好读书，但天下大乱，家里又穷，没有藏书，也买不起昂贵的书。有一次，他在别人家中看见《尚书》的疏议，就请求留宿在

> **知识链接**
>
> **孔融**
>
> 　　孔融是汉末有名的文学家。他小时候不仅才思过人，聪明好学，而且还十分孝敬父母，尊师重道。一次，父亲买了些梨子回家，特意为孔融挑了一个最大的。可是，孔融却说："我年龄最小，理应吃小的，大的还是给哥哥们吧。"说完，自己挑了一个最小的梨吃。此后，"孔融让梨"的故事被传为美谈，一直流传至今。

那人家里,连夜把书抄完才回家。后来逃难到徂徕山时,许衡得到一本王辅嗣解说《易经》的书。当时正处于战乱时期,许衡晚上思考,白天诵读,亲身体验,努力践行,言谈举止都努力符合儒家经典中的道德规范。渐渐地,许衡成为一个道德高尚的人。

一年夏天,酷热难当,许衡路过河阳,渴得喉咙冒烟,而路边恰巧长了棵梨树,硕果累累,梨鲜嫩多汁,正好解渴。同行的人见到梨树时,都争先恐后地去摘梨吃,而奇怪的是,许衡丝毫不为所动,在树下坐得端端正正,神情自若。

有人问许衡:"天这么热,你为什么不摘梨吃解解渴啊?"

许衡回答说:"渴是渴,但这棵梨树又不是我的,不是自己的东西怎么能随随便便拿来吃呢?"

那人说:"现在世道混乱,梨树没有主人啊。"

许衡反问:"梨树没有主人,难道我的内心也没有主见吗?"

之后,人们都被许衡的高尚德行所折服,对他倍加赞许。可许衡没有因此自满,依旧亲自下地耕田劳作,过着吃糠咽菜的艰苦生活。即使在这样的条件下,人们仍然能听到他的读书声。

更让人敬佩的是,一旦许衡手里有富余的银两,就会接济别人。但倘若别人赠送礼物给他,稍有不合礼法,许衡便断然拒绝。元代初期的名臣姚枢与许衡是很要好的朋友,他去京师任职以后,就想让许衡去自己的宅院居住,还吩咐仆人好好招待许衡;可许衡说什么也不肯接受。

许衡的行为举止也深深感染着他的家人朋友。庭院中有水果熟透掉到地上,许衡家的小孩由此经过,看一下就离开了,没有去捡水果的。

茅棚是用茅草顶搭成的棚子,古代房屋较多使用茅草搭建,既能遮风挡雨,又能就地取材,成本较低

中统元年（1260年），元世祖忽必烈即位，下诏让有才学的许衡来京师。第二年，他担任了国子祭酒。许衡做官并不是为了享受荣华富贵，而是立志为国为民。他见那时候国学未立，国子祭酒只是个空名，并不能实现自己的抱负，于是就辞官回了家。

至元二年（1265年），因为朝中文臣盛赞许衡的才学，忽必烈又召许衡进入京师，让他辅佐右丞相安童，在中书省议事。许衡关心时事，以《时务五事》上奏忽必烈，奏折里面劝忽必烈为政要修养德行，任用贤人，爱护百姓，还说北方民族入主中原，必须实行汉法，才能长久统治。忽必烈很高兴地采纳了他的建议，还特地赏赐尚方名药美酒，让他调养身体。

后来，阿合马担任中书平章政事，兼管尚书省六部事务，揽政专权，权势远超朝野其他人，一时之间朝中大臣多对他阿谀奉承。许衡却不然，他每次与阿合马讨论，必定直言不讳，一点也不让步。因为得罪了阿合马，许衡在政治上很失意，屡次请求辞职。

皇帝很早之前就有开设太学的想法。他见许衡一再请辞，便暂时答应了，其实心中另有打算。

至元八年，皇帝不仅下令任命许衡为集贤大学士，同时兼任国子祭酒，还亲自挑选了一些蒙古学子，交给许衡教育。许衡抑制不住心中的兴奋之情，笑着说："这是我一直以来想做的事啊。蒙古子弟本身比较质朴，平日很爱学习，如果对他们悉心培养，让他们拥有良好的品行，将来一定会成为国之栋梁！"

当时，皇帝挑选的子弟年龄很小，许衡就像爱护自己孩子一样爱护他们，不过却以成人的方式去对待他们，严格教授他们礼节。其余空闲时间，许衡有时还会引导他们学习礼仪，练习书法、算术。

▲ 许衡墓塑像

从此，许衡致力于教学，成了一个大教育家，奠定了元朝国子学的基础，使得儒家的学说得到普及。他的著作收入《鲁斋遗书》。

1281年，许衡去世了，四方学者听到许衡去世的消息，都聚在一起失声痛哭，有的人不远数千里前来许衡墓前痛哭祭拜。

许衡用满腔热忱书写了他的一生。家境贫寒，改变不了他对读书的如饥似渴；世道大乱，改变不了他不食无主之梨的道德操守；政治失意，改变不了他用教育改良社会的一腔热血，许衡用恒心和智慧感动着世人。

▲ 元代女金冠

知识链接

书香门第

"书香"是指古人为防止蠹虫咬食书籍，于是在书中放一种芸香草以驱虫。这种草有清香气，使书籍打开后清香袭人，故称"书香"。"书香门第"旧时指出自读书人家庭，现在泛指某人具有良好的家庭背景。

良吏胡长孺

元朝除了有像郭守敬、郝经、许衡这样的优秀知识分子，也有一批有才干的官吏，胡长孺就是其中的代表。胡长孺出生在书香门第、仕宦之家，他的曾祖父、祖父、父亲都曾读书做官，造福一方百姓，胡长孺的学问比祖上更加出色。咸淳年间，他跟随舅舅进入四川，在那里参加了选拔官员的考试，名列第一，并与高彭、李湜、梅应春等人并称"南中八士"。南宋灭亡后，胡长孺隐居在永康山中。

胡长孺性格刚烈，坚持原则，绝不阿附权贵。至元二十五年（1288年），忽必烈下诏求贤，胡长孺因此被召到京师，很快就被拜为集贤修撰，因为和宰相合不来，就离开京师去了扬州，负责当地州学的授课、考试等事务。元贞元年（1295年），胡长孺去建昌当官，当地有一个显贵，就是闽海道肃政廉访使程文海，他家的人甚至他家的仆人都气焰熏天，哪怕违法了，别人也不敢呵斥询问。程文海家门外种的树侵占了官道，别人都不敢管，胡长孺见了却立刻命人把树移走。

1307年，浙东发生了大灾荒，第二年，又没有粮食，许多百姓都饿死了，胡长孺就在这时赴任台州路宁海县主簿。任宣慰同知的脱欢察提议赈济灾民，于是官府命令豪富之人捐款，募集了一百五十万。

脱欢察一边募捐一边赈灾，到宁海县时还剩下二十五万，他就萌生了私吞这笔钱的想法，但又不能太明目张胆，而且他还要先去别的州，于是嘱咐胡长孺先收好这些钱。

胡长孺察觉脱欢察有贪污这二十五万的想法，就把这些钱都散发给了灾民。过了一个月，脱欢察回来了，向胡长孺索要那二十五万的钱，胡长孺抱着赈灾的簿册说："钱都在这里，我记下了它的用途。"

脱欢察大怒："你简直胆大包天，竟然毫无顾忌，擅自做这种事情！"

胡长孺面不改色地回应道："百姓一天没有食物，就会有饿死的，因此来不及告诉您，但是文书簿册都在这里，可以证明。"脱欢察无奈，也不敢再问了。

胡长孺维护地方治安也有一手。宁海县西边有个地方叫铜岩岭，常常有小混混在那里勒索过客，

知识链接

元贞年

元贞是元成宗在1295年开始实行新的年号，到1297年废除，持续时间共三年。

▲ 元代青花凤穿牡丹纹执壶

官府一直没能禁止。胡长孺就穿上商人的服饰,让仆人背着货物走在前面,十个衙役暗暗跟在后面。到了铜岩岭上,歹徒出来勒索胡长孺,胡长孺好言和他们周旋,然后衙役突然一拥而上,把歹徒们都制服了,铜岩岭的盗患就此平息,晚上从这里走也不用害怕了。

胡长孺和狄仁杰、包公一样,是个断案高手,流传着很多他断案的故事。

有一天,有个农民挑着粪肥要去肥田,在路上偶然间碰脏了一个军士的衣服,军士大怒,打了那个农民一顿,还弄碎了他的粪具。农民就去胡长孺面前告那个军士,但却不知道那个军士叫什么名字。胡长孺很聪明,心生一计,他佯装怒斥农民诬陷军士,把农民捆绑了,在街市上示众,然后让手下暗中留意行人的态度。

没过多久，就来了个军士，拍手称快。胡长孺抓住这个军士，责问他，果然就是那个殴打农民的军士，于是杖罚了这个军士，并命令他赔偿了农民的粪具。

有一群老婆婆聚在浮屠庵，诵读佛书祈福，而其中一个老婆婆丢了件衣服，而那时候胡长孺恰好经过，老婆婆就向胡长孺哭诉这件事情，要胡长孺清查。胡长孺灵机一动，拿来了一些麦粒，让每个老婆婆都拿上几粒，放在手心，然后让她们绕着佛像走，继续诵读佛书。胡长孺闭上眼睛，假装集中精神，说道："我让神明来破此案，偷衣服的人走几圈，麦粒就会发芽。"有一个老婆婆老打开手掌看里面的麦粒，胡长孺就明白是这个人偷了衣服，让她归还，果然找回了被偷的衣服。

永嘉有兄弟两人，弟弟因为向哥哥借钱一时难以偿还，就把珠串交给了哥哥作抵押。而他的嫂子见了珠串很喜欢，就谎称珠串被偷了，没有将珠串还给弟弟。弟弟把这事告到官府，也屡屡要不回珠串，又告到胡长孺那里，胡长孺听出了他们的口音，故意推却说非本地之民的官司不受理，把他们赶走了。

不久，捕获了一个盗贼，胡长孺授意盗贼诬陷那个哥哥，说哥哥收了他们的贿赂，是条珠串，官兵在哥哥家中搜查，果然找到了珠串。事情到了这个地步，哥哥只好极力辩白这个珠串不是赃物，而是他弟弟抵押的东西。这个案件就这么破了，最后哥哥把珠串归还给了弟弟。

知识链接

狄仁杰

狄仁杰是唐代武周时期著名的政治家，他以不畏权贵而闻名。

公元691年，狄仁杰升任宰相，但很快就因为被诬陷谋反而下狱，在得到平反后被贬为彭泽县令。公元697年，武则天提拔狄仁杰为相。他敢于直言进谏，并且能谋善断，留下许多断案传奇，被后世称为神探狄仁杰。

▲ 元代剔犀云纹梅花式盒

晚年，胡长孺寓居武林，饱受病喘折磨。有一天，他摆好酒食，和临近的邻居告别，说即将返回故乡，门人有人看出了胡长孺的意思，就问："先生您还很有精神头，想必身体也不错，为什么要急着想抛下我们呢？"胡长孺说："精神与生死，本来就没有关系啊。"然后就去睡觉了。

到了半夜，他的咳喘声突然停止了，胡长孺的儿子进去一看，发现胡长孺衣冠整齐地坐着逝世了。

▲ 《南村辍耕录》

《南村辍耕录》简称《辍耕录》，元代文学家陶宗仪所写，主要记述了以元朝为主、以宋朝为次的历史传闻故事。

黄道婆制棉

黄道婆估计大家从小就听说过，她是元代前期松江府上海县乌泥泾人，她的名字并不是道婆，因为她对棉纺织技术有杰出贡献，人们才尊称她为"道婆"。

她的事迹最早见于元末陶宗仪的《南村辍耕录》。民间传颂一首歌谣："黄婆婆！黄婆婆！教我纱，教我布，两只筒子两匹布。"乌泥泾原本很不发达，棉纺织技术落后，这首歌谣通过平实的语言歌颂黄道婆教给了人们棉纺织技术，极大地改善了松江府人民的生活。

传说黄道婆小时候家里十分贫苦，十二三岁被卖给别人家当童养媳。白天，她要下地干活，晚上也不能休息，要织布到深夜。

公婆、丈夫对她也很不好，打骂她是家常便饭，有时候甚至不给她饭吃,不让她睡觉。

在这种非人的折磨下,黄道婆终于在一天夜里逃出来了,躲在黄浦江边的一艘海船上,海船把她带到了海南岛南端的崖州。流落他乡的黄道婆无依无靠,人生地不熟。幸运的是,当地的黎族同胞十分淳朴热情,对黄道婆很同情,就接受了她,让她和他们生活在一起。

当时,黎族的纺织技术比较先进。虽然黄道婆是外来人,黎族同胞还是毫无保留地传授给她纺织技术。黄道婆熟悉了黎族全部的棉织工具,学会了黎族的先进技术后,又结合黎汉两个民族的纺织技术,在黎族棉织技术的基础上有所改进,终于成了一个纺织能手。

聪明勤奋的黄道婆,就这样平静地在崖州生活了近三十年。

中国人历来安土重迁,人老了讲究叶落归根。年纪渐渐大了的黄道婆,对故乡的思念之情也越来越浓重。

南宋灭亡后,元朝站稳了脚跟,实行了一些恢复和发展生产的措施,黄道婆的故乡也安定了下来,但是那里的棉纺织业依然很落后。黄道婆知道了故乡的情形,难以抑制思乡之情,终于在1295年启程还乡了。

回到阔别几十年的故乡,黄道婆用她从崖州带回来的棉种,培育出了更适合家乡种植的优良棉种。原先,妇女们都是用手剥脱棉籽,十分麻烦。为此,黄道婆做出了用双把手摇轧棉的搅车,大大提高了效率。

她还改良了弹棉花的工具,用四尺多长的绳弦大弹弓,代替了原来只有一尺四五寸长的指拨线弦小弹弓。原来松江府一带用的都是手摇纺车,要三四个人一起纺纱才能满足一架织布机的需要,黄道婆就创造了省力的脚踏纺纱车,一下子就把效率提高了几倍。

除了改良棉种和改进纺织工具外,黄道婆热心地教人

▲ 黄道婆雕塑

们"错纱、配色、综线、挈（qiè）花"的织造技术，织出来的布花样多、款式新、色彩鲜艳，一时间闻名天下。乌泥泾棉布销量越来越大，当地农民和手工业者的生活得到很大改善，乌泥泾逐渐富庶起来。

人们对黄道婆感恩戴德，在她死后为她造墓树碑，建祠塑像，奉祀香火，敬如神祇（qí）。到了清朝时，人们尊她为布业的鼻祖。

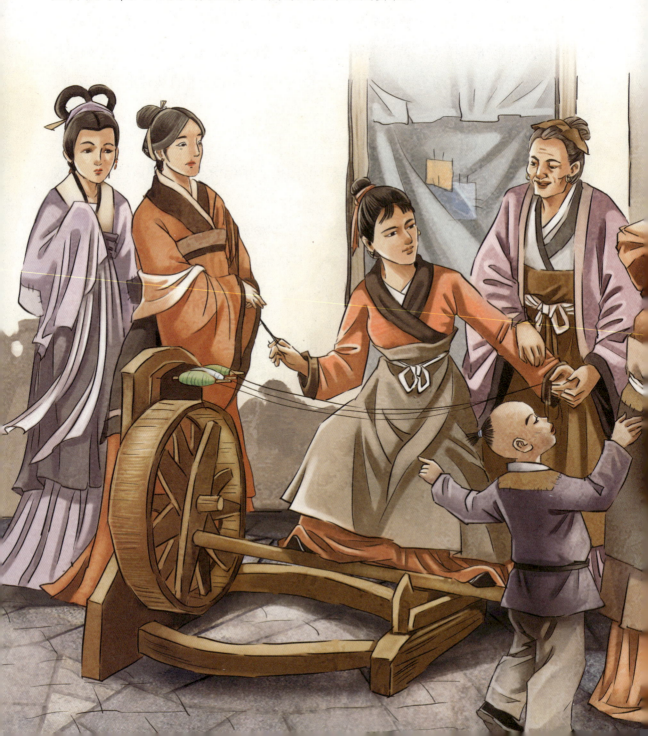

关汉卿与《窦娥冤》

我们在生活中受了委屈,常说:"我比窦娥还冤!"这个典故出自元朝著名戏剧家关汉卿的杂剧——《窦娥冤》。而这部杂剧是以一件真事为基础创作的。

元代的大都,商贾如云,游人如织,到处一派繁华的景象。

1281年的一天中午,在靠近城边小酒店的街口处,不知什么原因,人头攒动,显得格外热闹。有的人伸颈踮脚地朝前望着,有的人唧唧喳喳地说个不停。这时,大剧作家关汉卿路过这里,看到这一幕,满腹狐疑,不知道要发生什么事情。

忽然,前方传来了呜呜的长号声,紧接着,一队狱卒簇拥着骑马的蒙古监斩官快速地从人们面前驰过。随后,伴着一阵竹板子响,几个差役边走边喊:"行人闪开!行人快闪开!"差役们过去后,手拿法刀、凶神恶煞般的刽子手和骡车上垂头散发、背插斩标的女犯,从关汉卿和众人面前走过。

关汉卿皱着眉头,打量着女犯,只见她虽然仪容不整,但看上去美丽坚毅。他扭过头问身旁的一位老太太:"这么漂亮的小媳妇会是杀人犯吗?"

老太太斜瞟了他一眼,回答道:"谁说她是杀人犯?她是个好孩子,被坏人冤枉的。"

这就是中国历史 元

▲ 关汉卿

知识链接

元杂剧

元杂剧指元代时用北曲演唱的传统戏曲形式，宋朝末年已经形成，到元朝开始繁盛起来。元杂剧多揭露社会制度的黑暗，为底层受苦的百姓鸣不平，具有明确的主线，人物形象比较突出。

元杂剧四大家分别是关汉卿、白朴、马致远、郑光祖，代表了元代杂剧创作的伟大成就。

元杂剧的四大悲剧指《窦娥冤》《汉宫秋》《梧桐雨》和《赵氏孤儿》。

原来，女犯名叫朱小兰，原是襄阳的农户。后来，家中的几亩地被官府圈走后，父亲一气之下出走了。小兰母女二人在家里活不下去，便来大都投奔小兰的舅舅。不巧，舅舅不在，母女俩只好寄住在同乡陈二奶奶家里。小兰妈妈染了重病，半年后不幸去世了，临死前，将小兰许配给了陈二奶奶的儿子文秀。

小兰和文秀结婚后感情很好，可谁知道，好日子没过几天就出事了。陈二奶奶的亲戚李驴儿是个无赖，他看上了小兰，为了得到她，下狠心害死了文秀。

文秀一死，李驴儿马上就向小兰提亲，小兰不答应。李驴儿想强迫小兰答应，可是碍着陈二奶奶的面子，他也不敢。

一天，陈二奶奶忽然想吃羊杂汤，就叫小兰去做。小兰做好后，李驴儿起意要毒死陈二奶奶，搬开这块阻碍他和小兰成婚的绊脚石。他支开小兰，往汤里下了有毒的砒霜。谁知这汤还没送到陈二奶奶的嘴边，就让李驴儿他爹——馋嘴的老汉李六顺给偷喝了。李六顺喝完后，七窍流血，顿时一命呜呼。李驴儿见毒死了自己的爹，就反咬小兰投毒杀人，并威胁她说，只要她肯嫁给自己，这件事就一字不提，否则就抓她去告官。

小兰问心无愧，就和李驴儿一起去见了官。没想到那个官老爷是一个草菅人命的昏官。他收了李驴儿的贿赂，便严刑拷打小兰，逼她招认。官府见小兰誓死不招，又诬称是陈二奶奶投的毒，要将陈

二奶奶痛打八十大板。为了使年迈的婆婆免遭毒打，小兰只好含冤将这件事揽到了自己的头上。于是，她被官府判处了死刑。

听了这事的前前后后，关汉卿不禁怒发冲冠，破口大骂那些贪官。他有心去救助小兰，可又势单力薄。这时，观看行刑的人已经渐渐散去，关汉卿知道，即使自己有回天之力，小兰也是救不成了。

离开这里之后，关汉卿直奔红粉知己珠帘秀的家中。珠帘秀是当时大都当红的歌妓，她为人豪侠仗义，与关汉卿的关系很密切。刚刚坐定，关汉卿便把朱小兰的故事原原本本地讲给珠帘秀听。讲完之后，他余怒未消，说："你看，一个宝贵的生命就这样被断送了，可这些昏官还把自己说成是'民之父母'！"

珠帘秀劝解道："唉，关大爷，世道就是这样，生气有什么用？"

关汉卿说道："有什么用？听到这种丧尽天良的事情，你能不生气吗？"

珠帘秀说："我怎么能不生气？只是我的气早就生够了，现在都变得麻木了。如今的人们已经把这世上的不公平看成理所当然的了。唯有你头发都开始花白了，可心还跟少年人一样，碰上不公平的事，就气成这个样儿。"

"我们怎能麻木！古人路见不平，尚且拔刀相助，我……我……我竟无刀可拔，只有一支没多大用处的破笔！"

珠帘秀握住关汉卿的手说："笔不就是你的刀吗？你在剧本里骂过杨衙内，骂过葛彪，看过你的戏的人都跟我们一起恨这些陷害良善、鱼肉百姓的人。为什么不把李驴儿和那些昏官的嘴脸写到戏里，替那冤死的朱小兰申冤呢？"

关汉卿听罢一拍大腿，兴奋地叫道："对！刚才在路上我还想来着，一定要把朱小兰这件案子写成杂剧，一定要把这些贪官污吏的嘴脸摆在光天化日下示众，替那些负屈含冤的好心女子鸣冤！"

关汉卿立即跑回家，全身心地投入到剧本的创作中去。他对着残烛，时而吟哦、构思，时而伏案狂草，时而起身伸腰，时而挥剑起舞，从清晨写到黄昏，又从黄昏写到雄鸡报晓……

关汉卿一连数日不停笔，终于创作完成了一部惊天地、泣鬼神的杂剧剧本，名为《窦娥冤》。

闯关小测试

1. 忽必烈派去治理云南的是（　　）
   A．八思巴　　B．张文谦　　C．阿尼哥　　D．赛典赤·赡思丁

2. 郭守敬制定的历法名称是（　　）
   A．《授时历》　　B．《建元历》　　C．《大明历》　　D．《崇元历》

3. 《窦娥冤》的作者是（　　）
   A．白朴　　B．马致远　　C．郑光祖　　D．关汉卿

参考答案：1.D　2.A　3.D

元代中期

忽必烈南征北战，奠定了元朝的疆域，推行汉法，稳定了帝国的政治。

接下来的成宗、武宗、仁宗、英宗、泰定帝、天顺帝、文宗，继承着元世祖忽必烈的基业。每一次的皇位交替并不平静，政治上风云诡谲（jué），军事上争斗不休。元朝就这样艰难地前行着……

还好，这一时代，还有妙手回春的朱震亨，有光辉灿烂的元曲，有王祯的木活字，有大元御史苏天爵，有书法家赵孟頫，有下西洋的汪大渊……

皇孙继大统

公元1293年，元朝皇帝忽必烈迎来了一个寒冷的冬天。年近八十的他感到自己不久于人世，而继承人的问题还在困扰着这个衰弱的老人。

忽必烈为什么这么犯愁呢？皇帝去世由皇太子

知识链接

南必皇后

南必皇后是元世祖忽必烈的第二任皇后。察必皇后死后，南必被纳为皇后，继守正宫。当时元世祖年老，大臣们常常见不到皇帝的面。南必便利用这样的机会干预朝政，大臣只能通过皇后奏事。

这就是中国历史 元

▲ 元成宗铁穆耳

继位不就成了？忽必烈也曾经册立察必皇后生的第二个儿子真金为皇太子（长子朵儿只早卒，所以一般以真金为嫡长子），不幸的是，真金在1285年就病逝了。白发人送黑发人，忽必烈十分伤心。真金病逝后，忽必烈就没有再立皇太子。

没有皇太子，那由谁来继承皇位呢？有一种选项是让忽必烈的另一个儿子——皇后南必的儿子铁蔑赤继位。察必皇后死后，忽必烈的妃子南必被立为皇后，南必不如察必贤能，却很有政治野心，她的权势越来越大，经常干涉朝政。眼看着忽必烈可能一病不起，南必就想让自己的儿子铁蔑赤登上皇位。

按照蒙古旧制，大汗去世后，应该由皇后摄政，再择期举行忽里勒台大会，由宗王勋旧推选新的大汗，在这一过程中，皇后可以施加很大的影响，这样一来，铁蔑赤继位的可能性就很大了。但是，年迈的忽必烈却不想让铁蔑赤继承皇位，他心中的继承人是真金的幼子，他的孙子——孛儿只斤·铁穆耳。

忽必烈连忙把皇太子旧印赐给铁穆耳，并让他去漠北抚慰军队，这样一来铁穆耳的地位就比他的兄长甘麻剌都高了。为了保证铁穆耳顺利即位，忽必烈还召回了原来的平宋主帅——当时在大同待命的伯颜回朝。

至元三十一年（1294年），伯颜顺利抵达大都。回朝后，他和中书平章政事不忽木两人始终不离忽必烈左右，之后忽必烈病死，两人就以顾命大臣的身份控制着朝廷。史料中未提及南必皇后在这段时

知识链接

传国玉玺

传国玉玺是秦代丞相李斯奉秦始皇的命令用和氏璧镌刻而成的玺印，上面刻有"受命于天，既寿永昌"八个大字。

秦朝以后，每位皇帝都将传国玉玺视为皇权的代表，即便已经得到天下，只要没有拿到玉玺，皇帝仍觉得没有统一天下。但是皇位更换频繁，传国玉玺屡易其主，最终消失在历史长河中，再也找不到了。

元代中期 | 皇孙继大统

间有什么作为，但想必她是不会甘心的。为了使南必皇后接受忽必烈关于皇位继承人的决定，顾命大臣们费尽了心思。

他们想了一个办法，向众人证明忽必烈中意的皇位继承人是铁穆耳。一天，御史中丞崔彧（yù）在开国功臣木华黎的后裔家中，发现了一个玉玺，上面写着"受命于天，既寿永昌"。一鉴定，这竟然是秦朝以来就历代相传的传国玉玺！崔彧连忙把传国玉玺献给了真金妃，也就是铁穆耳的生母。

就这样，没有刻意访求，却在大功臣子孙家中得到了传国神宝，帝位将传于真金一系的定策就昭示天下了。"传国玉玺"事件可能是伯颜等人策划的，这也可以预防南必通过扣留世祖忽必烈的御印来干预选君。

现在已经确定帝位将传给真金一系，但是真金不是只有一个儿子。与铁穆耳竞争帝位的最强有力的对手，就是他的胞兄、真金的长子、出镇岭北的晋王甘麻剌。大家都知道忽必烈有意让铁穆耳继位，但甘麻剌心里还是有些不服气。

真金妃想出了一个办法，她命兄弟二人当众比赛诵读祖宗宝训，优胜者就继位为大汗。甘麻剌因为口吃，就输给了铁穆耳。之后，再有人提议让别人继位，伯颜就手握着剑，陈述祖宗宝训，说明拥立铁穆耳之意，辞色俱厉，诸王大臣都跪下表示服从。然后，真金妃就把传国玉玺授予了铁穆耳，铁穆耳顺利即位，这就是元成宗。

从元成宗的继位来看，事在人为，能左右皇位继承的并不是传国玉玺，而是人心。皇孙铁穆耳的继位，既是忽必烈的意志，也是铁穆耳的母亲真金妃和大臣伯颜努力的结果。

铁穆耳即位后基本采取守成的国策，他起用的军国重臣也几乎全是忽必烈朝的原班人马。

铁穆耳在位期间，不再像忽必烈时候那样大规模对外扩张，而是停止对外战争，停止征讨日本和安南，专心整顿国内政务。他采取限制诸王势力、减免部分赋税、新编律令等措施，使社会矛盾暂时有所缓和。

同时，他在维持边疆安定上也取得了成就，他发兵击败在西北发动叛乱的窝阔台汗国可汗海都、察合台汗国可汗都哇等，海都的继承人察八儿和都哇都归附元朝，西北的长期动乱局面有所改观。

▲ 青花鸳鸯戏水玉壶春瓶

元代中期 | 皇孙继大统

　　元朝皇帝在名义上是其他汗国的宗主，四大汗国都承认元朝皇帝是成吉思汗汗位的合法继承人。

　　元成宗晚年又出现了皇位继承问题。元成宗最开始娶了斡罗陈之女弘吉刺·失怜答里，她在铁穆耳即位前就去世了，之后立了驸马脱里思的女儿卜鲁罕为皇后。卜鲁罕皇后很有智谋，在成宗后期已经有了很大的政治影响。至于元成宗有几个儿子，史籍记载不一。大德九年（1305 年），成宗在病中册立皇子德

寿为皇太子，可惜德寿德寿，一点儿都不寿，当了皇太子不到半年，就先于成宗死去了，而且他还没有儿子。

卜鲁罕皇后为此痛心疾首地问帝师胆巴："我们夫妇侍奉帝师您可谓无微不至，我们只有这么一个儿子，为什么不能保护好他呢？"

1307年，成宗也去世了。他生前也没有再立皇太子，缺乏明确的继承人，由此又引起了一场皇位争夺战。

▲ 卜鲁罕皇后

知识链接

垂帘听政

垂帘听政指太后或皇后临朝听政，管理国家政事。造成这种局面的原因一是皇帝年幼无法处理国家大事，其母亲或者太后就代为处理；另外一种情况就是皇后或者是皇太后想自己独揽大权，因此需要立一个傀儡皇帝，皇后或者是皇太后需要皇帝这个口来传达她的治国政策。

兄终弟及

元成宗病死后，按照惯例，由卜鲁罕皇后摄政。由于元成宗唯一的儿子德寿已经病逝，就只能让他的同宗亲属继位。元成宗早年病逝的二哥答剌麻八剌有两个不同凡响的儿子，海山与爱育黎拔力八达，但这兄弟俩和卜鲁罕皇后有过节。因此卜鲁罕皇后本人很想立忽必烈的一个孙子——安西王阿难答为帝。阿难答的父亲忙哥剌是真金太子之弟，也是忽必烈非常喜欢的儿子。

左丞相阿忽台等人知道了卜鲁罕皇后的意思，又想立下拥立新皇之功，便力推阿难答为帝，请求卜鲁罕皇后垂帘听政。

但朝中也有人支持海山和爱育黎拔力八达兄弟俩，其中的代表人物就是右丞相哈剌哈孙，他一面

元代中期 | 兄终弟及

派人催促在外的海山返京，一面派人去怀州就近先迎接海山的亲弟弟爱育黎拔力八达入京。左丞相阿忽台觉得对阿难答威胁最大的是海山，就暗中派人在海山进京的路上阻拦他。

可他没想到真正挫败他的图谋的不是海山，而是海山的弟弟爱育黎拔力八达。面对当时复杂的政治局面，爱育黎拔力八达起初十分犹豫，他的重要谋士，也是他过去的老师李孟劝他说："世祖皇帝有宝训——皇族旁支不能嗣统，阿难答并非真金的儿子，本没有继承皇位的资格，应该继位的是您的哥哥海山。现在成宗去世了，海山远在万里，宗庙危急，您应当急还大都，以挫败奸谋，安定人心。否则，国家就岌岌可危了！"

见爱育黎拔力八达仍旧迟疑不决，李孟就激他说："如果让安西王做了皇帝，下一纸诏书，您兄弟母子哪还有命在？"这句话说到了这位王子的痛处，他急忙派李孟先进京打探情况。

可巧，李孟进入右丞相哈剌哈孙内宅时，正赶上卜鲁罕皇后派去"问疾"的一大群使者在场。李孟情急生智，他直接走到哈剌哈孙床边，拿起丞相的手腕就把脉，那群人误以为他是从外面请来的大夫，谁都没有怀疑。经过一场密谈之后，哈剌哈孙让他立刻回怀州，催爱育黎拔力八达赶快进京。安西王阿难答即位的日子已经确定，稍微犹豫一下，什么事情都晚了啊。

李孟日夜兼程，赶回怀州王府，力促爱育黎拔力八达马上出发。为了坚定爱育黎拔力八达的决心，李孟亲自到王府门外迎接了爱育黎拔力八达请来的算卦人。

那个算卦人穿着一身儒服，一看就是个不得志的书生，李孟就给他塞上几锭宝钞，叮嘱道："惊天动地的大事都等待你来解决，别的不要多说，只讲一定成功！"算卦人见李孟同自己一样一身儒服，又突如其来地得到了平时半辈子也赚不来的大笔钱财，自然心领神会。

进入殿内，他马上开始占卜，得到了变卦乾之睽。这位算卦者并不简单说万事大吉，反而大扯了一通易经八卦，最后证明是吉卦。爱育黎拔力八达听得云里雾里，李孟又在一边添油加醋："如此大吉之卦，违背这个卦象就如同违抗天命！"

> **知识链接**
>
> **儒服**
>
> 儒服指从周朝到明朝漫长时期内儒者的服装。和儒服截然不同的是短衣剑服，是指剑士的服装。

元代中期 | 兄终弟及

得到了这样的吉卦，爱育黎拔力八达十分高兴，袖子一挥，出门骑上马，果断地向大都出发了。原先三心二意的随从、侍臣，见到卦象大吉，立刻都信心百倍，护卫王子爱育黎拔力八达进京。

爱育黎拔力八达一行人虽然不多，但他们忽然出现在京城，安西王阿难答与左丞相阿忽台等人也大吃一惊。这些人毕竟不是成大事者，他们观望徘徊，一时还没敢拿爱育黎拔力八达怎么样，听任他到元成宗梓宫前行哭哀之礼。

他们没有马上动手的另一个原因，是爱育黎拔力八达的哥哥海山正率领大军向京师开拔，这不能不让安西王一伙人踌躇不决。

政治就是你死我活的斗争。哈剌哈孙唯恐安西王阿难答被皇后卜鲁罕拥上帝位成为既成事实，就决定先下手为强，连夜派人密告爱育黎拔力八达说："怀宁王海山路途遥远，不能很快赶到大都，事不宜迟，应当抢占先机！"

于是，哈剌哈孙凭借他是怯薛长，拥有掌管宫中禁卫军的权力，便率领众人突入禁中，软禁了卜鲁罕皇后。他们行动顺利，没有遇到任何反抗，由此也可看出卜鲁罕皇后一派对爱育黎拔力八达并无特别的警戒。然后，在李孟等人的谋划下，他们诱骗安西王阿难答入宫。

阿难答入宫后，立刻被囚禁，拥立阿难答的左丞相阿忽台被捕杀，其他同党也被一网打尽。见到这种情况，在京的蒙古诸王都顺风使舵，表示服从爱育黎拔力八达，公推他早日继承皇帝之位。而这位王子很有远见，他推辞说自己的兄长怀宁王海山正在回京的路上，要等他回来继承帝位。于是爱育黎拔力八达自称监国，与哈剌哈孙不分昼夜地待在宫禁之中，以防事情发生变化。

弟弟在大都稳定了大局,身为兄长的海山却在外面逡(qūn)巡不前。由于爱育黎拔力八达已经监国,当了代理皇帝,便有谣言传出,说他们的母亲答己准备让海山把帝位让给弟弟爱育黎拔力八达。

海山很不服气,对心腹康里脱脱说:"我为国家保卫边境十年,又身为长子。如果我做皇帝,哪怕是坐在宝座上一日,也一定要上合天心,下符民望。母亲为乱臣所惑,想辜负列祖列宗的托付,你替我去大都探察一下情况,快些回来告诉我消息。"然后,海山亲自率领军队主力由西道进入大道,并分遣一位宗王率军走中道,另一位宗王率军走东道,三路并进,提防母亲和弟弟在路上突然袭击自己。

康里脱脱进入大都,先去见海山的母亲答己,把海山没有前来的缘由都告诉了她。

答己很吃惊,向他表示:"现在贼臣已除,宗王大臣们一致推举大太子继位,我们就等着大太子前来。旁人的谣言,不可信啊,你马上回去,替我们母子消除误会。"

此前几日,答己已派出大臣阿沙不花出大都迎接海山,他与康里脱脱擦身而过,互相没有交代清楚。了解事情后,康里脱脱就快马加鞭地返回了,他的马快,半路赶上阿沙不花,两人一同去拜见海山,把事情的经过明明白白说清楚,海山这才知道自己是误会了母亲和弟弟。

在蒙古宗王大臣的拥戴下,海山即皇帝位,改

▲ 元武宗海山

元"至大",追尊父亲答剌麻八剌为顺宗皇帝,尊母亲答己为皇太后,立他的弟弟爱育黎拔力八达为储君,并赐宝印。

这位登上帝位的海山史称元武宗。据瓦撒夫记载,海山的登基大典异常隆重和"蒙古化":"两个宗王扶着海山的手臂,四个宗王把毡子捧到宝座上,最后一个宗王献上美酒,然后众人为新的皇帝祝寿,奉上'曲律汗'的尊号。"

元武宗接管的是一个貌似强大安定、实则弊端丛生的国家，而且他也并不是一位合格的皇帝。元武宗刚即位就大肆挥霍，让人运来无数车绫罗绸缎，尽数散发给与会的宗王、贵戚，又在地上撒了无数颗珍珠、宝石，任人拾取，这些珍珠和宝石像天上的星星一样光辉灿烂。这样的奢侈浪费绝非一位圣明君王所为。

这位奢侈皇帝在即位的最初几天就大办宴席，耗费无数钱财，在他在位的短短三年多时间里，他几乎把整个大元朝廷的积蓄都花光了。为了感谢蒙古宗王对自己的拥戴，他用滥发赏赐的方法来收买他们，无论对弟弟爱育黎拔力八达和母亲答己，还是对贵族大臣、侍卫亲信，他都大加赏赐，出手阔绰，再加上兴建佛寺和宫室。在元武宗的折腾下，元朝很快就出现了严重的财政危机。

▲ 元仁宗爱育黎拔力八达

为了解决财政危机，元武宗新造出"至大银钞"，在一年多的时间内印制新钞近一百五十万锭。同时，又赶制铜钱通行于市。除此之外，他还滥增税目，搜刮民财。滥发货币和滥增税目其实都是极其粗暴的敛财方法，我们可以想象在元武宗时期老百姓过的是一种什么样的生活。

1311年元武宗去世，储君爱育黎拔力八达即位称帝，就是元仁宗。元仁宗是一位有作为的皇帝。他在位期间，大刀阔斧地进行改革：诛杀武宗幸臣三宝奴、脱虎脱、乐实等人；停止在元中都大兴土

> **知识链接**
>
> **监国**
>
> 监国是古代的一种政治制度。皇帝外出时，常常任命太子等重要人物留在宫廷处理政事，也指在君主亲政前，由他人代理朝政。

木；停止使用元武宗时发行的至大银钞；任用汉族文臣，减裁冗员，整顿朝政，一改武宗时期的衰败之势。

南坡之变

元仁宗爱育黎拔力八达的嫡子叫硕德八剌，出生于1303年，1316年他就被立为皇太子。元仁宗非常宠爱硕德八剌，他在晚年倦于政事，唯独关心的就是硕德八剌能否顺利继位。

他甚至和近臣说过："我听说前代都有太上皇之号，现在皇太子已经长大了，可以居大位。我想当个太上皇，和你们游览西山，以终天年，这不也很好吗！"

元仁宗死后，硕德八剌在皇祖母答己的扶持下顺利继承皇位，也就是元英宗，那时他不过17岁。

元英宗出生以后，一直在他的父亲元仁宗身边长大，没有经历过什么风雨磨砺。作为一位皇帝，显得很不成熟。

元英宗刚即位时，掌握朝廷大权的是太皇太后答己和权臣铁木迭儿。在他们的牵制下，英宗颁布的一系列诏旨都没能实行。但是这不能全怪他们二人，元英宗自己也负有很大责任。例如在元英宗的诏旨中，有取消对僧人、工匠、伶人的过多赏赐的内容，也有取消建造寺庙、豢（huàn）养野兽费用

▲ 至元通行宝钞

至大银钞是元朝纸币的一种，简称至大钞。由于中统、至元钞已经通行了很久，物重钞轻，于是武宗至大年间发行了至大钞，以银计值，与前此发行的中统、至元钞并行流通。

由于至大钞的比值倍数太多，轻重失宜，因此仁宗即位后便逐渐废除了至大钞，仍以中统、至元钞通行全国。

的内容，但是他发起的节约开支的政策，被他自己的大兴土木破坏了。他下诏让各郡修建八思巴殿，这应该是元代在全国范围内修建帝师寺的开端。这一时期的其他营建项目也不少，百姓的劳役负担很重。

至治二年，权臣铁木迭儿和太皇太后答己相继死去，英宗感受到的政治压力顿时减轻，开始按照自己的想法推行新政。因为他的年号是至治，所以史称"至治新政"。

既然是新政，必然会遇到旧势力和既得利益者的阻挠。为了使新政得以顺利实行，就需要有得力的助手。元英宗的两位助手是大臣拜住和铁失。

即位不久，元英宗就任命只比他年长几岁的拜住为中书省平章政事，可谓少年天子少年臣。拜住是开国功臣木华黎之后，名相安童的孙子。元英宗还是太子时，住在东宫，问宿卫左右的人，他们都称赞拜住是个贤能的人。

元英宗就派人去找拜住，召拜住来见他，想和拜住说说话。拜住却对使者说："现在是嫌疑之际，君子都会谨慎。我现在是皇帝宿卫之人，却与东宫私相往来，我哪怕不听召见得罪了太子，这也是对太子有利啊！"于是没有去见元英宗。直到元英宗推行新政，拜住才得到重用。

元英宗的另一个助手是铁失，他让铁失独掌御史大夫事。至治新政的主要措施包括：大量起用汉族官僚和士人，张珪、王结、王约、吴险等人都被破格提拔；推行"津助赋役法"，也就是在各地确

> **知识链接**
>
> **至治新政的内容**
>
> 至治新政是指元英宗执政期间推行的政治改革。元英宗自幼开始学习儒学，深受熏陶，登基后推行"以儒治国"政策，并在亲政后实施了一些新政，如裁减冗官、颁布新法、采用"助役法"减轻人民的差役负担，史称"至治新政"。
>
> 新政使元朝国势大有起色，但触及了蒙古保守贵族的利益，最终以失败告终。

▲ 元英宗硕德八剌

定一部分田亩,让来服役的百姓掌管,田地的收入就当助役费,官府不得干涉;审议仁宗时编纂(zuǎn)的历朝法令,增补新法令,由此编成《大元通制》,颁行天下;清算太皇太后答己集团的势力,进而澄清吏治。

这些都是有益于百姓的好事。但是他任用的这两个大臣不但不和衷共济,反而明争暗斗,搅乱朝局。年轻的大臣拜住渴望有所作为,就翻出了一个陈年旧案,也就是"诳取官币"案。

原来浙江有个人叫吴机,想通过贿赂结交权贵,就找了个理由,说宋高宗吴皇后赐了一份浙西的田地给她族人中的祖姑,现在他想把这块地献给朝廷。司徒刘夔(kuí)把这件事情上奏了,然后和铁木迭儿、铁失等人串通好,上奏说应赐官币十二万五千锭来补偿这份田地的价值,他们却暗中把这钱瓜分了。朝廷派官员到浙西收回了那份田地,而那份田地实际上都是编户的财产,涉及数十万户百姓,田地被夺入官,当地顿时民怨沸腾。这件事情被监察部门知道了,却被铁木迭儿、铁失等人阻挠,没让皇帝知道。一两年后,东窗事发,田地被还给了原主,涉案的官员刘夔、八里吉思等人被处死,其他人论罪获罚,唯独铁失因是皇亲国戚而获得特赦。

但拜住的目的并不只在这个案件本身,他想借机打击铁失。他反复陈奏铁木迭儿的旧恶,尤其强调"诳取官币"案的恶劣,元英宗对铁木迭儿的厌恶就越来越深,而铁木迭儿已死,元英宗的怒火只

> **知识链接**
>
> **弑君**
>
> "弑"指封建时期臣子杀死君主或者子女杀死父母的行为。弑君则指臣子或下属杀死君主,中国历史上很多皇帝被杀害,如秦二世、隋炀帝杨广等。

元代中期 | 南坡之变

好发泄到了被视为铁木迭儿同党的那些朝臣身上。此时的铁失虽然身居高位，但内心仍惊惧不已，害怕皇帝会迁怒于自己。

有一次，元英宗从上都南还，就要回到大都了，在途中的南坡那里驻留。恐惧不已的铁失，就带领阿速卫兵作外应，先杀了丞相拜住，然后又进入行幄刺杀了元英宗，史称"南坡之变"。元英宗推行的至治新政，不到一年就因"南坡之变"戛然而止。

"南坡之变"是历史上的突发事件，但细究之，事变的发生和元英宗的性格也有关系。也许是因为长期受到太皇太后的压制，元英宗做皇帝时似乎极其热衷于表现他天子的威严，临朝时威严若神，大臣们都懔懔畏惧。在太皇太后那里屡屡遭受挫折的元英宗，也时常迁怒于臣下，大臣们动不动就遭到他斥责。

元英宗也嗜酒如命，酗酒后又往往乘醉杀人。元英宗的这种个性，让他难以聚集起真正积极维护新政的政治势力，却培养出了越来越多惴惴不安的敌人。

兔子急了也会咬人，何况大权在握的大臣铁失呢？即使元英宗不死于南坡，至治新政能推行到何种程度，也无法做乐观估计。何况，历史不容假设，无法重来。

"南坡之变"是蒙元帝国历史上一个重要的转折点，是不同利益集团矛盾、冲突的总爆发，也是元朝宫廷中权臣弑君最血腥的一幕。从此，大元帝国开始出现了败象。英宗死后，泰定帝也孙铁木儿、幼主阿速吉八、文宗图贴睦尔、明宗和世㻋（là）、宁宗懿璘质班、顺帝妥懽帖睦尔相继登场，皇位的交替十分血腥，常常伴随着内战，政局的动荡不断削弱着元朝中央政府的统治地位。

书法家赵孟頫

中国的书法艺术源远流长，在元代最著名的书法家就是被称为"元人冠冕"的赵孟頫，他和欧阳询、颜真卿、柳公权并称"楷书四大家"。

赵孟頫不仅楷书写得好，对篆书、隶书、行书、草书也很擅长，他的书法作品遒媚秀逸，结体严整，笔法圆熟，世称"赵体"。

元代印刷业钟爱的字体就是"赵体"字。赵孟頫的绘画成就也很高，他还能诗善文，懂经济，擅金石，通音乐，博学多才。赵孟頫是当之无愧的一代书画大家，但人们似乎忘却了赵孟頫不但是一位

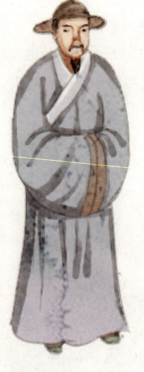

▲ 赵孟頫

书画大家，还是一位优秀的政治家。

1254年，赵孟頫出生在湖州，字子昂，号松雪、松雪道人，是宋太祖赵匡胤的第十一世孙。赵孟頫的父亲善于写诗写文章，他收藏的书画、金石文物很多，给赵孟頫以很好的文化熏陶。不幸的是，他还未成年父亲就去世了，改由母亲督促赵孟頫学习，家境每况愈下，度日艰难，好在赵孟頫是个不让父母操心的孩子。

赵孟頫自幼十分聪敏，读书过目成诵，写文章挥笔立就。他从小就学习书法，几乎没有一天不练习书法，直到临死前他还观书作字，可谓对书法的酷爱达到了情有独钟的地步。

南宋灭亡后，赵孟頫一度蛰居家中。他的母亲对他说："圣朝一定会收罗江南才能之士来任用的，你不多读书，怎么能超过普通人呢？"听了母亲的话，赵孟頫读书更加努力了。至元二十三年（1286年），程钜夫奉忽必烈的诏令在江南搜寻人才，就找到了赵孟頫。

赵孟頫才气英迈，神采焕发，乍一看如神仙中人，元世祖忽必烈一见到他就很欢喜，忙命他坐在右丞叶李的位次之上。有的人就说赵孟頫是宋朝宗室的后代，不应该那么接近皇帝。

忽必烈爱才心切，完全没有听别人的劝谏。那时刚好设立了尚书省，忽必烈就让他草拟了诏书，忽必烈一见赵孟頫所写的文字，满心欢喜地说："赵孟頫写出了我的心声啊！"

忽必烈最开始非常想重用赵孟頫，想任命他做

> **知识链接**
>
> **佛老之学**
>
> 佛家以佛陀为祖，道家以老子为祖，因此将佛道两家学说合称佛老之学。

尚书吏部侍郎，但参议的大臣认为不妥，后来只任命他做了兵部郎中。

忽必烈曾经想让赵孟𫖯当宰相，但他还是坚决拒绝了。忽必烈还传旨，特许赵孟𫖯自由出入宫门。每次见到赵孟𫖯，忽必烈都要和赵孟𫖯谈论治国之道，并且往往有所裨益。

忽必烈还问赵孟𫖯："你是宋太祖的子孙，还是宋太宗的子孙？"

赵孟𫖯答："我是宋太祖的十一世孙。"

忽必烈又问："宋太祖行事如何，你知道吗？"赵孟𫖯委婉地说自己不知道，忽必烈却说自己知道宋太祖行事有许多可取之处。

赵孟𫖯是个有心人，他觉得自己长时间身处皇帝左右，一定会遭人猜忌，甚至会惹来杀身之祸。因此，每次忽必烈问他军国大政时，他一如既往，知无不言，但此后却很少出入宫中，并请求调离了京师。实际上，忽必烈统治的时代，赵孟𫖯的作为不大。

赵孟𫖯命运的转机发生在元代中期。

至大三年（1310年），还是嗣君的爱育黎拔力八达对赵孟𫖯产生了兴趣，等到爱育黎拔力八达即位，立刻任命赵孟𫖯做了集贤侍讲学士、中奉大夫。后来，赵孟𫖯一直做到翰林学士承旨、荣禄大夫，成为朝廷的重臣。

仁宗待赵孟𫖯越来越优厚，称呼赵孟𫖯只叫他的字，而不直呼其名，十分尊敬。仁宗和侍臣谈起

> **知识链接**
>
> **《红楼梦》**
>
> 《红楼梦》是清代小说家曹雪芹撰写的小说，是四大名著之一。
>
> 《红楼梦》以贾宝玉、林黛玉、薛宝钗的爱情悲剧为主线，反映了贾、王、史、薛四大家族的兴衰沉浮，刻画了封建贵族之间错综复杂的矛盾，揭露了封建统治阶级的腐朽堕落，称得上是我国封建社会后期社会生活的百科全书。

▲ 元代卧鹿缠枝牡丹纹金马鞍

文学的时候，把赵孟頫比作唐朝的李白，宋朝的苏轼。

仁宗还时常称赞赵孟頫操行纯正，博学多闻，书画绝伦，又通晓佛老之学，其他人都比不上赵孟頫。有的人不喜欢赵孟頫，就跟仁宗说赵孟頫的缺点，而仁宗置若罔闻，还是照样欣赏赵孟頫。赵孟頫有一次几个月都没有去宫中，仁宗忍不住问左右侍臣这是怎么回事，侍臣都说赵孟頫年纪大了怕冷，仁宗就连忙赏赐了赵孟頫很多貂皮鼠裘。英宗至治二年（1322年），赵孟頫去世了，被追赠为魏国公，谥号"文敏"。

有史官说，赵孟頫的才干是被他的书画成就所掩盖了，知道他书画的人并不了解赵孟頫的文章，而知道他文章的人，也不懂赵孟頫经邦济世的才学。

▲ 仇英（款）《西厢记图册》（局部）

王实甫与《西厢记》

元曲光辉灿烂，熠熠生辉，和关汉卿齐名的戏曲作家还有王实甫。他创作的《西厢记》，高呼"愿普天下有情的都成了眷属"，让《红楼梦》中的贾宝玉、林黛玉读得如痴如醉。如果以单部作品来论，《西厢记》可谓是元杂剧中影响最大的。

早年间，王实甫曾在朝为官。可惜，他仕途比较坎坷。后来，王实甫不受封建礼法束缚，经常出入杂剧以及歌舞演出场所，与倡优等人往来密切。

知识链接

传奇小说

传奇小说又称唐传奇，产生和流行于唐代，是中国古代文言短篇小说的一种。

唐代经济发达，文化繁荣，小说文学得到很大发展，产生了唐传奇。唐传奇不仅数量众多，而且故事精彩，文笔优美，部分作品具有高度的文学价值，成为后代著名小说戏剧的蓝本。

晚年时，他干脆辞官归隐，过起了纵情山水的生活。

王实甫的作品主要诞生于公元1295年至公元1307年间。据称，他编写的杂剧共14种，不过现存作品只剩《西厢记》《丽春堂》《破窑记》三种了。其中，曾有人质疑过《破窑记》并不是王实甫的作品。王实甫另外的两部杂剧《贩茶船》《芙蓉亭》，流传到现在只剩一部分内容了。

《西厢记》全名《崔莺莺待月西厢记》，又称《北西厢》，讲述了崔莺莺和张君瑞动人曲折的爱情故事。

唐代贞元年间，前朝崔相国因病去世。夫人郑氏、女儿崔莺莺以及丫鬟红娘等一行三十多人，共同护送崔相国的灵柩回河北下葬。路上，因为道路受阻，他们只得到河中府普救寺暂时休整几天。

与此同时，河南洛阳书生张珙（字君瑞）要到长安赶考。他路过河中府，本想去看望好友白马将军，结果游览普救寺时对崔莺莺一见钟情。为了追求心中所爱，张君瑞在普救寺住了下来。

有意思的是，张君瑞的厢房与崔莺莺所住的西厢房只有一墙之隔。这天晚上，他听到崔莺莺与红娘在园中烧香祈祷，便大声吟道："月色溶溶夜，花阴寂寂春。如何临皓魄，不见月中人？"

崔莺莺听罢回诗一首："兰闺久寂寞，无事度芳春。料得行吟者，应怜长叹人。"就这样，爱情的种子在两人心中悄悄发芽了。

这天，崔家人在寺内为相国做法事时，张君瑞与崔莺莺又一次见面了，两人彻底坠入爱河。可谁知，守桥叛将孙飞虎突然派兵将普救寺团团围住，扬言

> **知识链接**
>
> **加冠**
>
> 男子到二十岁就开始加冠，加冠后便按照成人的权利和义务对其严格要求。所以，古人将戴冠视为一种成人礼节。

▲ 元代孔雀蓝釉带盖梅瓶

元代中期 | 王实甫与《西厢记》

要娶崔莺莺为妻。崔夫人求援无门，情急之下许诺，如若有谁能赶走孙飞虎，便把女儿嫁给他。危急时刻，张君瑞挺身而出，写信向好友白马将军杜确求救。最终，杜确率兵前来，生擒了孙飞虎。

张君瑞原本满心欢喜，以为好姻缘指日可待，不料崔夫人言而无信，不肯把女儿嫁给张君瑞，只许二人以兄妹相称。张君瑞因此致病，红娘不忍，就为张君瑞出谋划策，让他月下弹琴，莺莺听后十分感动，便叫红娘前去安慰。

张君瑞叫红娘给莺莺带去一封信，莺莺回信"待月西厢下，迎风户半开；隔墙花影动，疑是玉人来"，约张君瑞相会。

这天晚上，张君瑞兴冲冲地翻墙前来赴约。可是因为当时红娘在场，崔莺莺有些难为情，便佯装生气，斥责张君瑞不懂礼数。张君瑞心中烦闷，一病不起。

崔莺莺知道后，特意派红娘去探望他。红娘告诉张君瑞，当天晚上崔莺莺一定会见他。张君瑞高兴极了，病也好了。这天夜里，两天便私定了终身。

不想，很快这件事就传到了崔夫人的耳朵里。崔夫人怒火中烧，责骂红娘。

红娘为了小姐的幸福,据理力争,最终说服了崔夫人。崔夫人虽然答应把崔莺莺嫁给张君瑞,可前提是张君瑞必须考上功名才行。

为了和崔莺莺厮守一生,张君瑞只得进京赶考。没想到,他中了头名状元。然而,崔夫人的侄儿郑恒却造谣张君瑞背信弃义做了尚书女婿。就在崔夫人准备将崔莺莺许配给郑恒时,张君瑞赶回来揭露了郑恒的阴谋,如愿抱得美人归,由此成就了一段佳话。

《西厢记》文辞华丽,故事曲折,情节跌宕起伏,堪称绝世经典,并有"花间美人"的雅称。

王实甫呐喊出来的"愿普天下有情的都成了眷属"的美好愿望,不知成为多少文学作品的主题。

马致远与《汉宫秋》

有一首著名的散曲很多人都会背:"枯藤老树昏鸦,小桥流水人家,古道西风瘦马。夕阳西下,断肠人在天涯。"这首散曲名为《天净沙·秋思》,它寥寥数语,如诗如画,完美地表达出了漂泊天涯的旅人的愁思。它的作者是元朝著名剧作家马致远。

马致远,字千里,号东篱(也有人说他名字不详,字致远,晚号"东篱"),也是大都人。马致远是"元贞书会"的主要成员,早年就参加了杂剧创作,与文士王伯成、李时中,艺人花李郎、红字李二都有交往。

他从事杂剧创作的时间很长,名气也很大,被称为"曲状元"。他所作的杂剧今天知道的有15种,还写有散曲120多首。

马致远作为元曲大家,并不仅仅以这首短小的《天净沙·秋思》闻名,他的代表作是杂剧《汉宫秋》,全名《破幽梦孤雁汉宫秋》,是中国古代四大悲剧之一。

《西厢记》的作者王实甫写的是才子佳人的爱情故事,同样是元曲大家的马致远却写了一出帝王的爱情故事——堂堂大汉皇帝汉元帝

> **知识链接**
>
> **中国古代四大美女**
>
> 中国古代四大美女,即春秋的西施、汉朝的王昭君、三国的貂蝉和唐朝的杨玉环。四大美女享有"沉鱼落雁之容,闭月羞花之貌"的美誉。"沉鱼"指西施浣纱的故事,"落雁"指昭君出塞的故事,"闭月"指貂蝉拜月的故事,"羞花"指杨玉环醉酒观花的故事。

▲ 马致远故居雕塑

和远嫁匈奴的王昭君的爱情悲剧。

大家都知道汉代王昭君出塞和亲的故事。王昭君是中国古代四大美女之一,有"平沙落雁"之容。传说中,昭君出塞之时,一路上黄沙滚滚、马嘶雁鸣,昭君心绪难平,就弹奏了一曲《琵琶怨》。凄婉悦耳的琴声,美艳动人的女子,使南飞的大雁忘记了扇动翅膀,纷纷跌落于平沙之上,从此就用"平沙落雁"来形容王昭君的美貌。

历史上,昭君出塞不过是汉元帝将一名宫女嫁给匈奴的单于以笼络匈奴的故事,在《汉书》中的记载十分简单。

后世文学渐渐给昭君出塞增添了很多细节。在《汉宫秋》中,汉元帝认为天下太平,又感到后宫寂寞,就命大臣毛延寿为他挑选宫女来陪伴他。

后宫女子众多,汉元帝就让画工画了她们的画像,看图召见。因为给宫女画像的事由画师毛延寿说了算,一时之间宫女都贿赂毛延寿,唯独王昭君不屑于做这种事情。于是,王昭君的画像就被毛延寿画得很丑。

直到后来,汉元帝才见到王昭君,一见就惊为天人,封她为妃,两人倾心相爱。而毛延寿被发现了画像作假的事情,逃之夭夭了。后来毛延寿去了匈奴那里,引匈奴兵侵犯汉朝边境,来索要王昭君。

满朝文武束手无策,怯懦自私,面对汉元帝的质问,只是劝汉元帝送王昭君给匈奴。王昭君为了免除刀兵之灾,自愿前往和亲,汉元帝忍痛送行。

单于得到王昭君后大喜,率兵北去,而王昭君

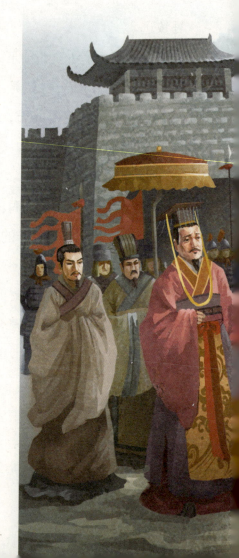

元代中期 | 马致远与《汉宫秋》

不舍故国，在汉朝和匈奴交界处投水而死。单于为避免汉朝寻事，将毛延寿送还汉朝处治。汉元帝夜间梦见昭君而惊醒，又听到孤雁哀鸣，伤痛不已，后将毛延寿斩首以祭奠昭君。

《汉宫秋》不是史书，是一种假借一定的历史背景而加以大量虚构情节的宫廷爱情悲剧。马致远笔下的汉元帝，更多地表现出普通人的情感和欲望，作为皇帝，汉元帝也不能主宰自己，不能保护自己所爱的女人。

马致远用这部脍炙人口的杂剧奠定了他在中国戏剧史上的重要地位。

马鞭是骑马的辅助工具，成语"快马加鞭"就是指鞭打快马，让其跑得更快

心系百姓的张养浩

▲ 张养浩

有一首元曲千古流传，叫《山坡羊·潼关怀古》："峰峦如聚，波涛如怒，山河表里潼关路。望西都，意踟蹰。伤心秦汉经行处，宫阙万间都做了土。兴，百姓苦！亡，百姓苦！"

这首元曲的作者是元代名臣、著名元曲作家张养浩。潼关历来是兵家必争之地，地势险要，有"第一关"的美誉。张养浩路过此地时却怀着对劳苦大众无尽的同情，对历史进行了思索，写下了这首脍炙人口的作品。

世人只知张养浩这首散曲作得好，说尽了历代百姓的悲苦境遇，却不知他自幼就勤奋学习，终成大器，更不知他为官爱民如子，为老百姓的生计操劳而死，是个善良清廉的好官。

张养浩从小就刻苦读书，父母担心他过于勤奋对身体不好，劝他要放松些。为了不让父母担心，张养浩就白天默默记诵，到晚上才关门闭户，点上灯，偷偷在房间里读书。山东按察使焦遂听说了他的事迹，就推荐他做了东平学正。

之后，张养浩又做了堂邑县县尹。一上任，张养浩就废除了有犯罪前科的人每逢初一、十五要去

知识链接

脍炙人口

"脍（kuài）"指切成细条的肉；"炙（zhì）"指被烤熟的肉。脍和炙都是美食，深受人们喜爱。

原指美食人人都喜欢，后来比喻好的文章或事物深受人们喜爱，广为传诵。

官府接受审查的规定。

张养浩说："他们本来都是善良的老百姓啊，因为饥寒交迫，不得已才做了强盗。现在他们都已经接受了刑罚，如果还视他们为强盗，是不给他们改过自新的机会啊！"

这些人听完之后，感动得哭了，互相劝诫说："我们以后不能辜负了张公啊！"

堂邑县任职结束之后，张养浩回到了京师。朝廷准备设立尚书省，张养浩向朝廷一一说明了设立尚书省的坏处，但没有被采纳，等到尚书省设立之后，他又据理力争，说设立尚书省祸乱朝政。

张养浩还上过一封万言书，谈论时政。这样的张养浩，显然不容于朝廷，他就改换姓名，离开了京师。

英宗即位之后，让张养浩参议中书省事。恰逢元宵之时，英宗想要在内庭张灯结彩弄成鳌（áo）山的样子。于是，张养浩就上疏给左丞相拜住，拜住带着他的奏章就去劝谏皇帝了。

奏疏大致说："世祖在位三十余年，每逢元宵，也禁灯火。宫廷之内，更应当小心谨慎。现在做个灯山的话，我认为它关系的事情很大。从它这里得到的快乐很浅薄，而隐患很深。希望皇上崇尚节俭，考虑长远，不要喜好奢靡。"

皇帝一开始听了大怒，但看了奏疏之后反而高兴地说："除了张希孟（张养浩字希孟），没有人敢说这话啊！"于是，就不再张灯做鳌山，还赏赐了张养浩衣服财帛，以示表彰。

知识链接

拜住

拜住全名为札剌亦儿·拜住，元英宗时期的大臣，曾担任元朝右丞相。他爱好儒学，通晓汉族的传统礼仪，和元英宗一起推行新政，重用儒士，广求贤才；罢免徽政院和无用的官职；推行助役法，减轻百姓徭役；制定《大元通制》。至治三年（1323年），在南坡之变中他与元英宗一起被杀。

▲ 黑釉铁锈花玉壶春瓶

张养浩的爱民之心绝不是仅仅停留在文字上。天历二年（1329年），关中发生了大旱灾，饥民中甚至出现了人吃人的现象。朝廷拜张养浩为陕西行台中丞，这次张养浩没有拒绝，而是立刻散尽家产给乡里贫困的人，然后登上车子上了路。一路上，他遇见饥民就赈济，遇见死者就好生安葬。

路过华山的时候，他在祭祀华山山神的庙中祈雨，他哭着跪拜，直到双腿都站不起来了，就在这时，天气却突然转阴了，连续下了两天的大雨。也许老天都被张养浩感动了！

等到了任上，张养浩又再次在社坛祈祷，据说他祈祷完，大雨如注，直下到旱象完全解除，禾苗都自己长起来了，陕西的人都欢呼雀跃。

那时，老百姓拿着纸钞去买米，钞票稍有破损就不能用；拿纸钞到府库中去调换，那些奸刁之徒营私舞弊，百姓换十贯只给五贯，而且往往等好多天都换不到，因此老百姓生活十分困窘。

张养浩派人详查府库，把那些可以看清图纹、尚未损毁的纸钞清算了一下，命人在这些纸钞背面盖上印记，并刻画出一些十贯和五贯的小额纸钞分发给贫苦百姓。接着，他下令，米商可以把米卖给百姓换取他们手中的纸钞，然后再用纸钞到府库去兑换银两。从此，那些贪官污吏再也不敢欺压百姓了。

张养浩又听说旱灾时民间有个人杀了子女来奉养老母亲，他十分悲痛，拿出自己的钱救济了那

> **知识链接**
>
> **华山**
>
> 华山也称为西岳，是中国五岳之一。华山坐落在陕西省渭南市，被世人称为"奇险天下第一山"。

所谓的龙王显灵，只是恰巧当时的天气该降雨了，与人们的求雨没有任何关系

元代中期 | 心系百姓的张养浩

家人。张养浩到任几个月，没有一天回家住，都住在官府里，晚上就向上天祷告，白天就出去赈济灾民，没有一天休息的。每次想到百姓的苦难，他都抚胸痛哭。

那时候的张养浩已经不年轻了，日夜辛劳，思虑过甚，就一病不起了。关中的人为此十分哀痛，就像失去了父母一样。

求雨是一种迷信行为，在科技不发达的古代农业社会，人们一方面兴修水利，对抗自然环境；一方面虔诚求雨，以求神灵降雨

从儒转医的朱震亨

▲ 刘完素

刘完素是金代著名的医学家。因为他是河间人,所以被尊称为刘河间。

刘完素小时候就非常聪明,他的母亲因病去世,这激发了他的学医之志。

他研究出了很多专治伤寒病的药方,这对后代的温病学说有一定的启发意义。

鲁迅弃医从文,而元代的朱震亨却是从儒转医,两人同样成就斐然。

朱震亨,字彦修,《元史》中仅仅记载他是儒士许谦的弟子。朱震亨的清修苦节,像上古品行纯厚的人。他做事踏踏实实,锲而不舍,人们大都被他感化。

1281年,朱震亨出生在浙江义乌赤岸镇。赤岸镇有一条溪流叫丹溪,所以学者大多尊称朱震亨为"丹溪翁"或者"丹溪先生"。

朱震亨从儒转医并不是头脑一热,冲动而为。他本来就有一颗悬壶济世的仁爱之心,再加上在他30多岁时,母亲生了病,附近的大夫们却都束手无策,一片孝心之下,朱震亨有了从医的想法。他阅览古代经典医籍,苦学五年之后,竟然自己处方抓药,治愈了母亲的旧疾。

朱震亨的老师许谦也是他从儒转医的一大原因。许谦淡泊名利,教导学生也是因材施教,他的学生们也大多学有所成。许谦看出朱震亨有从医之心,又怕自己耽误他的前程,就对朱震亨说:"我卧病很久了,非良医不能治愈。你聪明异于常人,愿意学习医术吗?"老师的话正中朱震亨下怀,他这才下定决心,一心致力于学医。

元代中期 从儒转医的朱震亨

为了学到高超医术，朱震亨花了很大力气。当时盛行陈师文、裴宗元在宋大观年间制定的《和剂局方》。朱震亨就不分昼夜地研习《和剂局方》，从而知道了它的优点和不足。但是，学医只靠自己研习医术可远远不够，还要有一个好老师。于是，朱震亨整理行装出游，访求名师，一听说哪里有大夫医术很好，就前往拜师学习。

他走了很多地方，花了很长时间，却始终没有遇到理想的老师。

直到泰定二年（1325年），朱震亨听说了一个叫罗知悌的人。罗知悌曾在宋理宗朝入宫当过御医，他医术精湛，不仅是金代著名医学家刘完素的再传弟子，而且对另外两位著名医学家张从正和李杲（gǎo）的学说也十分了解，是个难得的医学大家。但是罗知悌自恃医技高明，喜欢摆架子，很难接近。

朱震亨几次登门拜谒，都没有得到罗知悌接见。时间一晃，三个月过去了，朱震亨连罗知悌的面都没见到。但朱震亨很有毅力，又心诚意真，见罗知悌这样摆架子，反而更加想得到他的接见。他每天都恭恭敬敬地站在罗知悌家门前，即

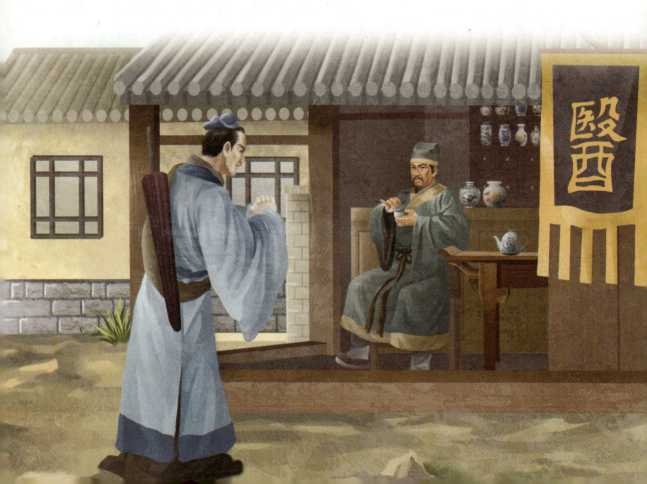

> **知识链接**
>
> **《格致余论》**
>
> 《格致余论》是中国第一部医话专著,其作者为朱震亨,共收录医论四十多篇,书中提出"阳有余阴不足论"和"相火论"等中医论断,为后世所接受。

使刮风下雨也不放弃。有心人见了,就向罗知悌介绍了朱震亨的为人与名声,罗知悌最终同意接见朱震亨。谁知两人一见如故,相见恨晚,罗知悌也就收下了朱震亨这个徒弟。

罗知悌这时已经年迈,并不亲自诊病了。他常常是半卧在床上,让朱震亨去察脉观色,然后根据他回禀的诊出病情病况,开出药方。跟着罗知悌学习了一年多,朱震亨就博采众长,医术大进。

当朱震亨学成回乡,乡间的那些大夫都很惊讶,不知道他在外边学了多大本事。但当他们看到他的处方用药,又认为朱震亨学得不伦不类。可是朱震亨正是用这些遭受嘲笑、指摘的方法,治愈了他的老师许谦的痼疾。如此一来,四方求治的病人、求学的医者络绎不绝,几乎要踏破朱震亨家的门槛了。而朱震亨也不忘初心,本着医者仁心,悬壶济世。

朱震亨博采众长,创立了"滋阴派"。晚年他整理自己的行医经验与心得,写成许多著作。临终前他没有其他嘱咐,只是把随他学医的侄儿叫到面前,语重心长地对他说:"医学博大精深,很难学啊,你之后要谨慎啊!"说完,便端坐着溘然长逝。

三百六十行,行行出状元,朱震亨从儒转医是遵从自己内心的选择,在他的努力下,最终获得了成功。朱震亨最初没有名医教导,一听说了名医,就矢志不渝地拜师学习医术,他这份诚心也是他能够成功的重要原因。他没有出入将相,但是治愈了母亲、老师,造福百姓,也是难得的人才。

▲ 元代钧窑天蓝釉紫红斑梅瓶

元代中期 | 理学家吴澄

理学家吴澄

中国古代读书人的出路主要是出来做官，可是元朝的大学者吴澄却不愿做官。吴澄是元代著名的理学家之一。他与许衡齐名，当时号称"北有许衡，南有吴澄"。理学是儒家的一个学派，他们主要讨论的内容是义理、性命之学。北宋五子邵雍、周敦颐、张载、程颢、程颐开创了宋代理学。到了南宋，朱熹和陆九渊完善、阐发了理学的思想体系。理学是融合佛、儒、道三教为一体的思想体系。

吴澄，字幼清，1249年出生在抚州崇仁，晚年又字伯清。他和程钜夫是朋友，程钜夫给吴澄住的地方题名"草庐"，所以大家也称吴澄为草庐先生。传说吴澄出生前天晚上，乡间父老看到了奇异的气降临吴澄的家，邻家的老妇人又梦见了有一物蜿蜒而降到邻居房子旁边的水池中。天亮了，老妇人把这事告诉了别人，而恰巧那时吴澄就出生了。随着一天天长大，吴澄变得越来越聪明，教他背古诗，他随口就能背出来，他每天都要学习千余字，常常晚上读书到快天亮。吴澄的母亲怕他过于勤奋，累垮了身体，就节省着灯油，不多给他。而吴澄却等母亲睡了之后，偷偷点上灯，继续学习。

几年之后，他和其他人一起进入了乡校，常常

▲ 吴澄

知识链接

学而优则仕

"优"指有多余的精力和力气，"学而优则仕"是指完成学习任务后还有额外精力，就可以尝试做官，后来指一个人如果学业优秀，就能提拔做官。

出处《论语》："仕而优则学，学而优则仕。"

这就是中国历史 元

知识链接
头悬梁，锥刺股

汉朝时，孙敬非常喜欢读书，半夜看书时就用绳子把头发拴在房梁上；战国时候，苏秦发奋读书，他深夜用锥子刺自己的大腿，剧烈的疼痛使他不再瞌睡，继续读书。

名列前茅。等再年长一些，吴澄通晓的书籍就更多了，但是去考进士却没有考中，从此断绝了角逐科举之念。

之后，吴澄维持读书授徒的生活长达十五年之久。至元二十三年（1286年），程钜夫奉忽必烈命令到江南寻访名士，到达了抚州。这时吴澄刚给父亲守孝期满释服。程钜夫让郡县的官员去迎接吴澄，如果吴澄来就硬拉着他出来做官，吴澄却以母亲年迈为由坚决地拒绝了。程钜夫只好劝他说："纵然你实在不肯给朝廷做官，中原山川之胜，也可以去看一看啊！"

元朝统一全国后，北游中原风物成为当时很多南方文人的向往，吴澄于是决定辞家出游。

他是享受着应征的名贤的待遇而北行的，隔年春天到达了大都，程钜夫又再次力图劝他出来做官，他还是以母亲年老来推辞。他逗留大都不过几个月，在年底就回到了南方的家中，而当时很多南宋遗士都羁留在大都，吴澄丝毫没有受到他们影响。回到抚州之后，他又回到了授徒、读书的平静生活，十五年的光阴转眼间又过去了。

大德五年（1301年），朝廷又让他做翰林文字、登仕郎、同知制诰兼国史院编修官，这时他的母亲早已去世，他也不能再以母亲年迈为托辞了。他无奈去了大都，但又很快就回来了。回到江西老家，朝廷又让他当江西儒学副提举，但他仍然坚决不去，而是在家潜心校订书籍。

元武宗至大元年（1308年），朝廷又以国子监丞的职位再次让吴澄到朝廷做官。吴澄此时已经60岁了，在这个年纪才出来当官，无论如何都是太晚了。但他是作为蜚声天下的学者，到国家最高学府去指导学生的，影响也很大。

后来，吴澄又升任国子司业。国子监的教学实际上由吴澄所掌握，他感到施展平生抱负的机会终于来了。

但是他的意见和国子监的大多数人都不相同，时人议论纷纷，他又不屑于为自己辩解，很快他又决定辞去官职，回江西老家，继续著书授徒。吴澄的第一次为官经历，未满三年，就这样结束了。

元统元年（1333年），八十多岁高龄的吴澄得病去世了。

> **知识链接**
>
> **国子监**
>
> 隋朝以后，朝廷设置的中央官学称为国子监，它是古代教育体系中的最高学府。元朝开始设置北京国子监，此后成为元、明、清三代国家的最高学府和管理教育的最高行政机关。

▲ 元代龙泉窑青瓷弦纹梅瓶

汪大渊下"西洋"

元世祖时有西方来客马可·波罗,而元代中后期则涌现出一位"东方的马可·波罗"——航海家汪大渊。如果说马可·波罗把中国介绍给了世界,那么汪大渊就是把世界介绍给了中国。汪大渊也是远航西洋的先驱之一。

汪大渊,字焕章,是江西南昌人,出生在元至大四年(1311年)。他的父亲大概是希望他走读书做官的道路,所以才从《论语》中取出"焕乎其有文章"一句来为他起字"焕章"。不过,汪大渊的理想却不是读万卷书,而是行万里路。

20岁左右,汪大渊就参与了商船航海,前后共有两次。第一次大概起航于至顺元年(1330年),由泉州出海,在元统二年(1334年)夏秋间返回祖国。第二次大约起航于后至元三年(1337年),至元五年(1339年)夏秋间返回祖国。

在这两次远航中,汪大渊到达了今天的菲律宾诸岛、中南半岛、马来半岛、印度尼西亚群岛、印度次大陆、阿拉伯半岛和东非的坦桑尼亚桑给巴尔岛,还曾到过著名摩洛哥旅行家伊本·白图泰的故乡丹吉尔。

1350年,汪大渊写成《岛夷志略》,全书收录

知识链接

《论语·泰伯》节选

子曰:"大哉!尧之为君也。巍巍乎!唯天为大,唯尧则之。荡荡乎!民无能名焉。巍巍乎!其有成功也,焕乎!其有文章。"

汪大渊,字焕章,就是出自《论语·泰伯》。

▲ 汪大渊

元代中期 | 汪大渊下"西洋"

域外地名、国名达220多个，有些地方的描述比《马可·波罗游记》更详细。

《岛夷志略》一书共分为一百条，其中前面九十九条大体上每条记述一个国家或地区，也有很多条又大量附加了所见所闻的地名，详细记述了各国各地区山川、习俗、风景、物产、贸易情况。

该书涉及的地理范围，东到现在的菲律宾群岛，西到非洲，很多地方都是首次见于我国著录。

《岛夷志略》完全是根据汪大渊自身游览的经历、他亲眼所见的事物而写的，所以这本书的价值比以往很多根据传闻所写的地理著作高得多。

> **知识链接**
>
> **澳大利亚的最早记载**
>
> 《岛夷志略》有两节内容详细描述了澳大利亚的人文风情，据推断，这应该是流传于世的关于澳大利亚的最早文字记载。
>
> 但西方学者不愿承认汪大渊曾涉足过澳大利亚，因为直到将近二百年后，欧洲人才发现澳大利亚的存在。

《岛夷志略》中记载了台湾、澎湖列岛等地方，也印证着"台湾自古以来就是中国领土不可分割的一部分"。

从书名看，《岛夷志略》其实是汪大渊的著作《岛夷志》的节略本，《岛夷志略》只有一卷。已经散失的《岛夷志》的内容想必比《岛夷志略》要丰富得多。该书先后被译成英、法、日等国文字，国际影响也很大，日本学者尤其重视对《岛夷志略》的研究。

其实汪大渊的出游条件远不如郑和。出海时，汪大渊很年轻，他还需要经商挣钱来维持航行，而郑和花费的是官府的钱，但结果汪大渊比郑和航行得更远。

为什么汪大渊能更成功呢？

原因之一是家乡繁荣的航运业培育了年轻的航海家。汪大渊的家乡自唐朝以来一直是朝廷的造船基地和水上交通的良港。

南昌是赣江抚河的交汇口，是洪州府的所在地，地理位置优越，也是江西两大造船基地之一。唐朝贞观时期，朝廷命洪州造海船，这种船可载六七百人。到了南宋造的"杨幺车船"则可载人一千。

明永乐年间江西工匠也到南京参加郑和"大宝船"的建造。自幼成长在家乡航运繁荣的环境中，耳濡目染的熏陶让汪大渊不到20岁就萌发了对航运业的巨大兴趣和远航探求的愿望。

> **知识链接**
>
> **郑和**
>
> 郑和是明朝著名的航海家、外交家。郑和原姓马，名和，小名三宝，又称三保，云南人，是明朝太监。
>
> 1405年至1433年，郑和率领船队七下西洋。

元代中期 | 爱梅的诗人王冕

爱梅的诗人王冕

▲ 王冕

王冕（miǎn）是大家很熟悉的人，大家语文课上都学过王冕学画的故事。王冕是浙江诸暨人，他的家世并不显赫，他是农民的儿子，家境贫寒。王冕长到七八岁时，就得帮助家里干农活了，因为年纪小也干不了重活，父亲就派他去放牛。可王冕对读书十分渴望，就偷偷溜进学堂去听学生们念书，他也不是随便听听而已，还会默默记诵。一直到傍晚学生们放学，王冕才恋恋不舍地离开学堂。沉浸在偷学内容中的王冕，有时候居然会忘了牵牛回家。对于一家农户来说，牛可是重要的财产，他的父亲每次都会大怒，并狠狠地打王冕一顿。被父亲打后，王冕还是照旧去学堂听学生们念书。

王冕的母亲见他如此勤奋好学，心有不忍，就说："儿子这么执着，你就让他做他想做的事情吧！"王冕因此离开家，到了寺庙旁居住。一到晚上，没有灯了，他就偷偷拿着书到佛像的大腿上坐着，就着寺庙的长明灯读书，一直读到天亮。会稽有个叫韩性的人听说了王冕的事迹，觉得他是个可塑之才，就把他收为弟子，让王冕跟随自己学习儒学。王冕学得很好，成了一个博学多能的儒生。韩性死后，韩性的门人就像对待韩性一样对待王冕，十分尊重。

王冕的父亲去世后，他将母亲接到了越城。后

149

来母亲想念故乡，他便买了头白牛为母亲拖车，自己穿着古时的衣服跟在车后。路上的小孩看到了争相讪笑，但王冕并不恼怒，只是笑笑。

王冕爱读书，但很倔强，他并不想做官，也不想接触自己不欣赏的人。著作郎李孝光很欣赏王冕，想推荐王冕去当府吏，王冕不禁骂道："我有田可以耕种，有书供我阅读，哪里肯从早到晚抱着案卷站在官府里，让人役使呢？"王冕建了个小楼，住在上面，只有符合自己心意、志同道合的人，他才会允许上来。

他多次去考进士，但是都不幸落第了，后来便洒脱地放弃了，雇了艘船下东吴，过大江，游遍名山大川。有时候他碰见了奇才侠客，就一起谈论古时豪杰的事迹，然后一起喝酒吟诗。当他北游到了大都的时候，住在秘书卿泰不花家里。泰不花见王冕有才能，就想推荐他在史馆供职，王冕却笑着说："你太不聪明了啊！不出十年，这里就变成狐狸兔子游玩的地方了，还当什么官？"

王冕即将南归的时候，他的朋友卢生在滦阳死了，只剩下两个幼女、一个书童留在燕京，孤苦无依。王冕知道这种情况后，不远千里来到滦阳，取回卢生的骸骨，并带两个幼女回到了卢生的家。

回到南方，王冕公开宣传说天下将会大乱，官府显然不喜欢他说这种事情，于是他带着妻子家人隐居在九里山，种了许多梅树和桃杏，这时候他就给自己起了"梅花屋主"之号，倒也名副其实。欣赏了千姿百态的梅花，再加上他的刻苦练习，爱梅

知识链接

李孝光

李孝光（1285—1350年），温州乐清（今属浙江）人，元代著名文学家和诗人，著有《五峰集》20卷。

他五岁跟从祖母习读《孝经》《论语》《孟子》，六七岁便学习《尚书》《诗经》。青年时期的李孝光倔强自负，由于科举失败，就在家乡五峰山云霞洞筑室教学，而后游历南北山川名胜。元顺帝至正七年（1347年）十二月，李孝光终于获得朝廷召聘，至正十年（1350年）病故。

▲ 元代青花龙纹高足杯

的王冕变成了一个善于画梅的画家，求画之人接踵而至。王冕按画布的长短来收费，有人讥笑他这种行为，于是王冕说："我借画梅来饱口腹，养活家人，哪里是喜欢给人家作画呢？"不久后，果然像王冕说的那样，天下大乱。

明太祖攻下婺州的时候，听说了王冕的才华，就设置了幕府，让王冕当了谘议参军。不幸的是，王冕刚被任命，公文都还没收到，就一夕病死了。

王冕也是个杰出的诗人。他的《悲苦行》描绘了劳动人民在官府赋税压迫下的贫苦生活，表达了对百姓的深切同情："前年鬻大女，去年卖小儿。皆因官税迫，非以饥所为。布衣磨尽草衣折，一冬幸喜无霜雪。今年老小不成群，赋税未知何所出。"经历元末乱世，他的诗作也揭露了元朝统治者的暴

▼ 元代钧窑天蓝釉红斑深腹钵

政，反映了民族矛盾和阶级矛盾。

梅花香自苦寒来，王冕成为一个杰出的画家、诗人不是偶然的，而是因为他从小就对学习如饥似渴，家境的贫寒、父亲的责打改变不了他的学习热情，年长之后科举失意也没让他放弃学习。如今，生活、学习条件已经好了太多的我们，更要珍惜受教育的机会和学习的机会。

> **知识链接**
>
> **明太祖**
>
> 明太祖朱元璋，濠州钟离（今安徽凤阳）人，明朝的开国皇帝。
>
> 朱元璋小的时候家里很穷，后来进入皇觉寺当和尚，25岁时参加了红巾军反抗元朝。1368年，朱元璋击破各路农民起义军后，在应天府称帝，国号大明。随后他结束了蒙元在中原的统治，最终统一中国。

闯关小测试

1. 朱震亨向谁学习了医术？（ ）
   A．许谦　　B．扁鹊　　C．黄帝　　D．罗知悌

2. 被称作"元人冠冕"的人是谁？（ ）
   A．王祯　　B．马端临　　C．赵孟頫　　D．王冕

3. 《汉宫秋》讲述的故事和谁没有关系？（ ）
   A．毛延寿　　B．崔莺莺　　C．汉元帝　　D．王昭君

参考答案：1. D　2. C　3. B

元朝末期

元顺帝妥懽帖睦尔在位的几十年（1333—1368年），元朝走向了衰亡。这一时期，统治日益腐败，军政废弛，吏治败坏，民不聊生。脱脱当政时力图更新政治，但也难于挽回颓势。随着红巾军大起义的爆发，元朝百年基业终于土崩瓦解，蒙古人退居漠北。

权臣伯颜

元朝末年有一个权势很大的臣子叫伯颜，他长期把持朝政，却没有做多少利国利民的事。伯颜，在蒙古语中是一个很普通的名字，意思是富裕。元朝历史上有两位叫伯颜的名人，一个在元朝初年为元朝立下了大功，一个在元朝末年祸乱朝政，加速了元朝的灭亡，真可谓"成也伯颜，败也伯颜"。

第一位是大将伯颜，他在灭宋战争中立下了赫赫战功，这可谓"成也伯颜"。但我们更为熟悉的另一位伯颜，却是元末的权臣，他因为拥立文宗登基而地位显赫，宁宗、顺帝的即位也都离不开他的

知识链接

海都之叛

孛儿只斤·海都（1235—1301年）是窝阔台的孙子，曾支持阿里不哥与忽必烈争汗位。1268年，他发动叛乱，并建立了窝阔台汗国，经常侵扰西北地区，元朝一直没办法将其彻底剿灭。1289年，海都攻打和林，忽必烈亲统大军北上征讨，将其击退。成宗即位后继续派兵征剿海都，海都接连战败，死于退军的途中。

拥戴，真可谓权倾朝野。可是他利用权势，排斥异己，搅乱了元朝的朝政，加速了元朝的灭亡。这可谓"败也伯颜"。现在我们就来讲讲这位伯颜。

伯颜是蒙古蔑儿乞氏，出生于哪年已经不清楚了，只知道他十五岁时，成宗铁穆耳派他去侍奉皇侄海山，也就是后来的武宗。伯颜跟随海山镇守北方边境，并在讨伐西北叛王海都、都哇的战争中屡立战功，深得海山的信任。

成宗死后，海山率军南归争夺皇位，在和林大会诸王驸马，并赐给了伯颜拔都儿的称号，这是对伯颜的一种提拔。海山即位后，立即重用自己的心腹，让伯颜做了吏部尚书，后来又升任御史中丞。伯颜的显贵可以说是奠基于他和元武宗海山的交情。

元武宗死后，元仁宗、元英宗、元泰定帝相继即位，伯颜一直担任要职。1328年泰定帝死后，皇位继承又成了一个问题。燕铁木儿想要拥立武宗的次子怀王图帖睦尔做皇帝，并把这个打算告诉了伯颜。

伯颜知道之后，感叹说："这是我的恩主武宗的儿子啊。我历来受了武宗很多恩德，才有了现在的地位、

元朝末期 | 权臣伯颜

财富，不为富贵，就算是为了报答武宗的大恩，我也不能置之不管啊！"于是他立刻响应燕铁木儿，筹集粮饷，征集民丁，增加驿马，整修了攻城和防守的器具，并挑选了五千勇士南下迎接并护卫图帖睦尔。图帖睦尔到汴梁的时候，伯颜还亲自率军护送。反对图帖睦尔继位的官员曲烈、脱烈台，都被伯颜处死了。在伯颜的拥护下，九月时图帖睦尔终于顺利即位，也就是元文宗。文宗皇帝任命伯颜为太尉，从此伯颜成了把持朝政的一代权臣。

文宗死后，伯颜又拥立了元明宗的儿子懿璘质班为皇帝，也就是元宁宗。宁宗死后，伯颜又依照文宗皇后的意思，将明宗长子妥懽帖睦尔从静江迎入京师即位。因为伯颜有拥戴之功，妥懽帖睦尔就拜伯颜为中书右丞相、上柱国。

自从文宗即位，右丞相燕铁木儿就一直掌握着朝廷的权力，伯颜的地位仅次于燕铁木儿，但在实际政务中起不到什么作用。

1333年，燕铁木儿死去了，伯颜终于可以独揽大权了。燕铁木儿的儿子唐其势见伯颜独揽大权，愤愤不平，认为自己官居伯颜之下是一种耻辱。于是唐其势和他的叔叔答里蓄谋发动政变，并且拉拢了嘉王晃火帖木儿。

1335年，伯颜捕杀了唐其势和他的弟弟塔剌海，燕铁木儿的女儿伯牙吾氏即便贵为皇后，也没有幸免，被驱逐出宫毒死了。唐其势发动政变时，元朝宗王彻彻秃告发了唐其势，因此粉碎政变后彻彻秃的地位变得更加尊贵。

> **知识链接**
>
> **脱脱**
>
> 脱脱是元朝末年政治家，担任中书右丞相。他在职期间大改伯颜旧政，主编了《辽史》《宋史》《金史》三部史书，发行新钞票"至正交钞"，并派人治理黄河，取得斐然卓著的成绩，赢得了灾民的心，被誉为"贤相"。

▲ 元青花凤穿花执壶

元朝末期 | 权臣伯颜

　　至元四年（1338年），彻彻秃入京朝觐，伯颜想让彻彻秃的女儿嫁给自己的儿子，彻彻秃没有答应。因此，伯颜对彻彻秃很不满，指使人告发彻彻秃谋反，然后立刻逮捕了彻彻秃，加以审讯。彻彻秃没有谋反，当然查不出谋反的证据，而伯颜竟然不等皇帝诏令，就擅自杀了彻彻秃和他的几个儿子。

　　这事过后，伯颜什么事也没有，顺帝还让他当了大丞相。彻里帖木儿提议废除科举时，很多大臣都反对，可是大丞相伯颜支持废除科举，科举就这样被废除了。伯颜的权势从这几件事情中可以看得很清楚。

　　权势越来越大的伯颜，遭到了顺帝的忌惮。伯颜的侄子脱脱从小养在伯颜家，他怕伯颜日后被问罪，自己会受牵连，就和顺帝的心腹一起，乘伯颜出猎柳林时，突然传达圣旨把他贬黜为河南行省左丞相。

　　伯颜派人到城下询问脱脱这是什么原因，脱脱靠着城门说："皇上有旨，罢黜丞相一个人，其他随从官员没有罪！"

　　伯颜很恼怒，说："哪里见过儿子杀父亲的事呢？"父老乡亲们听到这话却都讽刺说："我们没见过儿子杀父亲的，只见过臣子杀君主的！"

后来顺帝又让伯颜到南恩州阳春县安置,可是伯颜没有走到那里就在途中病死了。把持朝政的伯颜终于结束了他攫取权力的一生。

红巾军起义

至顺四年(1333年),才十几岁的妥懽帖睦尔即帝位,也就是元顺帝。元顺帝统治的36年,是元朝的衰败时期。妥懽帖睦尔面对的是权臣擅权、吏治腐败、财政空虚、社会动荡的天下。

在元顺帝初期,执掌朝廷大权的是权臣伯颜,他采取残酷的民族压迫措施,压迫汉人,还极力在政治上打击异己,并且滥发纸币,聚敛财富。伯颜的倒行逆施,加剧了社会的动荡不安,弄得民不聊生。

妥懽帖睦尔长大后,逐步铲除了伯颜的势力,实行"至正新政"。但他的新政仅仅是加强了文治,并没有遏制土地兼并,解决财政危机,社会矛盾和民族矛盾依然十分尖锐。

至正四年(1344年),北方下了二十多天的大雨,黄河水暴涨,并且在白茅堤、金堤决堤,导致北方广大地区受到河患之害。然而元顺帝对是否治理黄河一直犹豫不决,拖延了五六年才正式批准治河,他派大臣贾鲁召集了15万人,开始治理黄河。贾鲁成功治理了黄河,解决了水患问题。

> **知识链接**
>
> **"至正新政"**
>
> 至正新政是元顺帝在位时,于公元1341年至1349年进行的改革。前四年,改革主要由丞相脱脱主持实施,他颁布了一系列措施,如恢复科举、降低盐额、开马禁以及调整上层统治者的关系等。
>
> 元顺帝亲政以后,颁布了《至正条格》,以完善法律制度;他大力提倡推荐有才能的隐士,以选拔人才;另外还制定了举荐守令法,加强廉政建设。不过,这些举措并没有从根本上解决社会问题以及社会矛盾,元朝渐渐走向灭亡。

元朝末期 | 红巾军起义

可是治理黄河需要征发大量民夫，百姓的徭役负担就加重了，再加上元朝滥发纸币，导致民不聊生，终于引发了农民起义。元顺帝至正十一年（1351年），在颍州爆发了大规模的农民起义。因起义军头裹红巾，所以称"红巾军"，又因他们烧香聚众，所以又叫"香军"。

"红巾军"的领导人是韩山童、刘福通等人。韩山童是河北人，祖父是白莲教教主。白莲教起源于佛教净土门，信奉阿弥陀佛，认为信徒死后可以去西方极乐世界。

韩山童成为北方白莲教教主后，宣传"弥勒佛下生""明王出世"，聚集了河南和江淮的大批信徒。他们积极发动起义反抗元朝，说天下要大乱了。

▲ 元顺帝妥懽帖睦尔

韩山童等人曾事先凿好一个一只眼的石人，在石人背上刻上"莫道石人一只眼，此物一出天下反"，预先放在黄陵冈埋好。同时，他四处散布歌谣："石人一只眼，挑动黄河天下反。"不久这个石人就被治理黄河的民工挖出来了，一时间人心惶惶，都以为天下要大乱了。

之后，韩山童与刘福通等聚众在颍州杀黑牛白马，誓告天地，宣布起义。不料，地方官收到密报，突然袭击了起义军，韩山童被捕牺牲，他的妻儿逃了出来。刘福通则带领一队人马，冲出重围，后来又占领了颍州。

颍州起义成功以后，对全国各地民众的鼓舞很大，人们纷纷响应起义。北方地区响应起义的主要

> **知识链接**
>
> **该不该治理黄河？**
>
> 宰相脱脱忧国忧民，支持治理黄河，并要求从国库拨出银子赈灾。但有一批大臣却反对治理黄河，他们看清楚了元朝官吏的腐败，更明白除了脱脱外，其他官员都是喊着赈灾的旗号贪污赈灾治河的钱粮。果然，赈灾和治河款被层层瓜分，而百姓生活愈发困苦和不满，终于导致农民起义爆发。

这就是 中国历史 元

有徐州李二和濠州郭子兴。

李二也叫芝麻李，也以"烧香聚众"和赵君用、彭大等人起兵占领了徐州，追随的人多达十余万。

郭子兴是安徽定远的一个富豪，他和农民出身的孙德崖等人于1352年起兵，

元朝末期 | 红巾军起义

攻占了濠州，郭子兴称元帅，也以红巾为号。明太祖朱元璋最开始投奔的就是郭子兴。

南方的白莲教首领们也立即抓住这个时机，发动起义。彭莹玉在淮西起兵，铁工邹普胜、布贩徐寿辉在蕲州起兵。据说，徐寿辉后来甚至建立起"天完"政权，以蕲水为都城，"天完"比"大元"多了几笔，意思就是压倒"大元"。

面对浩大的农民起义，元朝出兵镇压，但此时的蒙古军队已不如百年之前勇猛善战，元朝岌岌可危。

农民起义的爆发从来都不是无中生有的，统治阶级对农民过分剥削，老百姓连饭都吃不饱，这激化了统治阶级与农民之间的矛盾。一旦遇上干旱、蝗灾等恶劣气候，官府如果没有及时采取对应措施，老百姓生活不下去，就很容易爆发起义

奇皇后乱政

一个朝代兴盛时，往往不仅仅有雄才大略的皇帝，也有明智贤德的皇后辅佐他，而一个朝代衰败时，在昏君的身边，往往有乱政的后妃的身影。奇皇后是元顺帝的第三任皇后，她擅权乱政，对元朝的灭亡负有一定的责任。

奇皇后原本出生在高丽幸州，是奇子敖的女儿。后来，她的家人尽数被高丽王所杀，她则以贡女的身份被高丽国送给了元朝。结果，在宫中做侍女的时候，她因为天生丽质，聪明伶俐，引起了元顺帝的注意，成功获得元顺帝宠幸。后来奇氏为元顺帝生了皇子爱猷识理达腊，于是元顺帝册封她为第二皇后。

奇皇后很懂得假装做好事以获取名誉，四方进贡来的食物有时候十分美味珍贵，她一定让人先进贡太庙，然后自己才敢吃。

至正十八年（1358年），京城发生了饥荒，奇皇后让官员施粥给灾民。她又让资正院的官员朴不花在京都十一门设陵冢，掩埋了十余万受灾而死的人的遗骸，还让僧人举行水陆大会超度亡魂。实际上，这些善行都是为了取悦皇帝，夺得权力。这位貌似善良的朴不花，后来位高权重，害死了很多大臣。

> **知识链接**
>
> **天完政权**
>
> 1351年，农民起义军的首领徐寿辉建立了独立的政权。为了显示义军力量的强大，徐寿辉在"大"字上面加一横，在"元"字上面加一个宝盖头，取名"天完"，意思是要消灭大元。
>
> 1360年，大将军陈友谅刺杀徐寿辉，自立为帝，将国号改为汉。

元朝末期 | 奇皇后乱政

　　那时，元顺帝对政事比较怠惰，奇皇后和皇太子爱猷识理达腊就谋划让元顺帝禅位给皇太子。奇皇后派朴不花去结交丞相贺太平，想让他拥立爱猷识理达腊，但是贺太平没有理会朴不花。后来，奇皇后又召贺太平到宫中相见，赐酒给他喝，并再次申述了让他拥立爱猷识理达腊的想法，这次贺太平依然含糊其辞。

　　奇皇后没有达到目的，就在元顺帝面前极力贬损贺太平。在奇皇后的枕边风之下，贺太平被赐死了。后来，元顺帝也知道了奇皇后要废黜自己的想法，他很生气，就疏远了奇皇后，两个月都没有见她。

奇皇后的家族在高丽本来也十分有权势，因为奇氏家族的骄横，高丽王一怒之下杀光了奇氏一族。因为这件事情，奇皇后就跟皇太子爱猷识理达腊说："你为什么不为我复仇呢？"于是，他们就立了一个留在元朝京师的高丽王族之子为高丽王，让崔帖木儿做高丽丞相，出兵去讨伐高丽。军队一过鸭绿江，就中了高丽的埋伏，军队大败，只剩下十几人逃回了元朝京师。奇皇后为兵败感到十分惭愧，这一仗劳民伤财，加剧了元朝末年的社会危机。

至正二十四年（1364年），大将孛罗帖木儿举兵进犯朝廷，皇太子出奔冀宁，下令讨伐孛罗帖木儿。孛罗帖木儿大怒，唆使监察御史武起宗举报奇皇后干扰国政，恳请元顺帝驱逐奇皇后，元顺帝不答应。至正二十五年（1365年），孛罗帖木儿幽禁了奇皇后，奇皇后就向孛罗帖木儿献美女来讨好他。奇皇后被幽禁了一百天才被获准回到宫里。

孛罗帖木儿死后，皇太子回到京师，奇皇后传旨令大将扩廓帖木儿带兵拥皇太子入城逼顺帝禅位。可是扩廓帖木儿不听她的，他带兵到京城三十里外驻扎，却故意遣军回营，拒绝参与奇皇后的阴谋。

至正二十八年（1368年），朱元璋建立了明朝，建元洪武。朱元璋派征虏大将军徐达、副将军常遇春率军继续北上灭元。

面对声势浩大的明军，元顺帝只好集合后妃、皇太子、皇太子妃，半夜北逃上都开平，奇皇后也跟随元顺帝北逃了。1368年，明军攻入元大都，元朝至此灭亡。元朝自元世祖忽必烈1271年建国号"大

> **知识链接**
>
> **徐达**
>
> 徐达是明朝开国功臣之一，濠州钟离（今安徽凤阳）人。徐达是农民出身，元末加入了朱元璋领导的起义军。
>
> 徐达先率兵消灭了张士诚的割据势力，接着挥师北伐。1368年，徐达率军攻入元大都，元朝灭亡。
>
> 1385年，徐达因病去世，被追封为中山王，谥号"武宁"。

▲ 元代景德镇窑青花釉里红镂雕盖罐

元"到元顺帝1368年北逃，共97年。

　　1369年，奇皇后逝世。纵观奇皇后的一生，她最初以高丽进贡的女子的身份入宫，仅仅是一名普通宫女，后来能够当上皇后，并干涉朝政，她的聪敏可见一斑，但是她的聪敏只用在获取个人的权势上，无益于朝廷。元朝的灭亡，与奇皇后及其宠臣的祸乱朝政是有一定关系的。

退守漠北

元顺帝妥懽帖睦尔是元朝最后一位皇帝，但他同时也是北元的第一个皇帝。至正二十八年（1368年），明朝将领徐达等率军攻打大都。此时的元朝已经腐朽不堪了，眼看无法战胜徐达，妥懽帖睦尔只好带着部分家眷逃往上都，后来又逃到应昌，退守蒙古本部。

妥懽帖睦尔的庙号是惠宗，元顺帝这个称号是朱元璋对他的尊称。妥懽帖睦尔在从大都逃亡上都的整个过程中，没有进行大规模的抵抗，朱元璋认为他懂得顺应天命，退避离开，所以尊他为顺帝。

元顺帝退守蒙古本部后，仍然以"大元"为国号，迁都滦京，因为地处塞北，所以历史上把这个政权叫作"北元"。明朝为了表明自己的正统地位，也称北元为"残元""故元"。1370年元顺帝在应昌病逝，他一共做了两年的北元皇帝。

之后，元顺帝和奇皇后的儿子爱猷识理达腊继位做了北元皇帝，就是元昭宗，他定年号为"宣光"，希望成为周宣王、汉光武帝那样建立中兴伟业的君主。他在位期间，力图复兴元朝，为此他重新起用大将扩廓帖木儿。

前面我们提到过，扩廓帖木儿曾经拒绝了元昭

> **知识链接**
>
> **北元政权的建立**
>
> 北元是蒙古族在元朝灭亡后建立的残余政权。
>
> 1368年，明军攻入大都，元朝灭亡。元顺帝从大都出逃，退守蒙古本部，国号仍叫大元。因其地处塞北，所以被称作"北元"。

▲ 元代景德镇窑釉里红划花兔纹玉壶春瓶

宗的母亲奇皇后的建议，拒绝帮助元昭宗取代元顺帝做皇帝，但此时君臣为了匡复元朝的大业，冰释前嫌，重归于好。

元昭宗统治下的北元政权，几度南征，但败多胜少，不但没能重占大都，还削弱了自己的实力。可在这二十多年的时间里，明朝对北元进行了数次讨伐，取得了很大成果。

明朝的屡次进攻以及朝中贵族的明争暗斗，开始让北元面临"内忧外困"的局面。后期，虽然元顺帝的后代仍然是名义上的正统，可是却没有什么实权，大部分权力掌握在权臣手中。元昭宗之后，有五位大汗死于内部争斗。

元昭宗的继任者是脱古思帖木儿，年号天元，关于这位大汗，有人说他是元昭宗的儿子，但也有人说他是元昭宗的弟弟。脱古思帖木儿在位时，北元在军事上遭受了严重的失败，辽东被明军攻占，北元大将纳哈出向明朝投降。

1388 年，明军在捕鱼儿海大败北元军队，脱古思帖木儿落荒而走。一系列的军事失败打击了忽必烈汗系的威望，忽必烈的弟弟阿里不哥的后裔也速迭儿杀

知识链接

冰释前嫌

冰释前嫌是一个汉语成语，指人与人之间的矛盾在某一时刻像冰一样融化消失，比喻人与人之间的矛盾被解除。意思相近的词汇还有握手言欢、重修盟好等。

死了脱古思帖木儿，夺得了大汗之位，北元的汗位转到了阿里不哥汗系的手中。

可是也速迭儿也只当了四年大汗就被杀死了，汗位传给了他的儿子恩克，恩克之后也被杀害，汗位回到忽必烈汗系的额勒伯克的手中。1399年，额勒伯克也死于非命，继承他的是坤帖木儿。

两大汗系的激烈斗争加剧了北元政权的分裂，加速了北元的灭亡。

元朝最后的大将

元朝末年有一个著名的大将，他是个很有意思的人，他有一个汉族名字，叫王保保，也有一个蒙古名字，叫扩廓帖木儿。

元末流传说，他本名叫王保保，是汉人，扩廓帖木儿是皇帝赐名。而根据出土的墓志判断，其实扩廓帖木儿才是他的本名，他不是汉人，而是蒙古人。

他的父亲是赛因赤答忽，做过太尉，而他的母亲是元末将领察罕帖木儿的姐姐。察罕帖木儿没有儿子，扩廓帖木儿就从小被舅舅抚养为子。

至正十二年（1352年），察罕帖木儿组织地主武装，对北方红巾军进行镇压，屡战屡胜，因此官至中书平章政事、知河南山东行枢密院事、陕西行台中丞，兵力控制了河南、山西、陕西、山东等地。

扩廓帖木儿也随着养父,也就是自己的亲舅舅四处征战,战功赫赫。

至正二十二年(1362年),察罕帖木儿在军营中被刺杀,将领们都不知所措,察罕帖木儿的一个老部下推荐扩廓帖木儿做总兵,大家对他都十分拥戴,军心才安定下来。

后来朝廷就起用了扩廓帖木儿,封他为银青荣禄大夫、中书平章政事、知枢密院事等官职,让他继续率领养父的军队。

扩廓帖木儿获得兵权之后,率领军队攻打红巾军控制下的益都。城防很严密,扩廓帖木儿就让人挖地道,终于攻破了益都,抓住了城中的红巾军首领二百余人。之后,山东红巾军尽数被他镇压。

北方红巾军失去汴梁后,退守安丰,兵力不足,也缺乏号召力。朝廷依靠扩廓帖木儿的军队,才得以偏安。

战争暂时停息后,扩廓帖木儿和另一位元朝大将孛罗帖木儿的矛盾越来越激化,他们的竞争主要是权力的争夺。为了集中力量对付孛罗帖木儿,扩廓帖木儿还和占据江淮、势力日益壮大的朱元璋关系缓和起来。

扩廓帖木儿和孛罗帖木儿互相争斗,他们调动各自的兵马互相厮杀。

到至正二十三年(1363年)时,扩廓帖木儿的势力一度占了上风。后来朝廷调停,两军才罢兵,各自镇守自己的地盘。

▲ 景德镇窑釉里红转把杯

元朝末期 | 元朝最后的大将

在元朝内部窝里斗的时候，朱元璋抓住了时机，消灭了劲敌张士诚，随后开始进攻元朝。扩廓帖木儿不愧是元朝的一员猛将，在抵抗明军的过程中多次击败明军。然而他并不能挽救元朝的灭亡，至正二十八年（1368年），明军攻占了大都，元顺帝撤往上都。

元顺帝死后，扩廓帖木儿尽心辅佐昭宗爱猷识理达腊。

后来，明朝试图消灭北元，而扩廓帖木儿沉着应战，把明军逐渐诱入纵深之地，然后在漠北伏击了明军，明军战死数万人，损失惨重。

▲ 常遇春

这次战役对北元的命运十分关键，正是由于这次被扩廓帖木儿打败，之后明朝军队一时不敢轻易出塞。挫伤明军的锐气，保住北元的命脉，是扩廓帖木儿取得的最为辉煌的战绩。

朱元璋是十分赏识扩廓帖木儿的。他在元北退之后曾大会诸位将领，问他们："普天之下，谁称得上奇男子呢？"

将领都说："常遇春带领不到一万士兵，就能横行无敌，真是个奇男子。"

明太祖朱元璋就笑着说："常遇春虽然是人中豪杰，但我还是能让他臣服。可我不能让扩廓帖木儿臣服，他才是真的奇男子啊！"于是，扩廓帖木儿被誉为胜过明朝大将常遇春的"天下奇男子"。

大元御史苏天爵

中国历史上流传着很多清官断案的故事,著名的有唐朝的狄仁杰、宋朝的包拯等。元朝的御史苏天爵也是一个善于断案的好官,可是他不是生活在明君武则天的盛世,也不是生活在守成之主宋仁宗的时代,而是生活在政治腐败、社会动乱的元末,因此他经历了比狄仁杰、包拯更多的坎坷和磨难。

苏天爵,字伯修,1294 年出生在真定。苏天爵参加国子学考试,名列第一,从而进入仕途。最开始他做了大都路蓟州判官,后来又做了江南行台监察御史,御史生涯由此开始。

当御史的第二年,他就去了湖北调查冤案。元朝的时候,湖北的一些地方还是很偏远,汉族、少数民族杂居,湿热,有瘴毒。苏天爵冒着中瘴毒的危险,走遍了湖北。有一些囚犯跟苏天爵申诉冤情,苏天爵问他说:"监察的官员一年来这里两次,你以前为什么不申诉呢?"囚犯们都说:"之前来考察冤案的官员,都只不过是装装样子而已。现在听说御史您来了,就要受刑了,不得不诉说冤情了啊!"苏天爵听了连连叹息。

苏天爵也十分勤奋,哪怕是盛暑,酷热难当,他还是夜晚点上灯,孜孜不倦地查阅文书。一查阅文书,他发现了案卷的问题。沅陵有个老百姓叫文甲,

> **知识链接**
>
> **监察御史**
>
> 监察御史是古代官名,始设于隋文帝开皇年间,主要职责是掌管监察百官、巡视郡县、纠正刑狱、肃整朝仪等事务。唐朝的御史台分为三院,监察御史属于察院,品级虽然不高,但权限很广。宋、元、明、清基本沿用了这一官职。

▲ 元代景德镇窑青花缠枝牡丹纹罐

他没有儿子，于是把外甥雷乙过继过来养育着。后来文甲又生了两个儿子，就把养子雷乙赶出去了，雷乙因此怀恨在心。一天，文甲的两个儿子在卖茶，雷乙就从船中取来一柄斧子，把文甲的两个儿子都砍死了，然后把斧子扔到了水里。杀人时的血溅到了雷乙的衣服上，痕迹都还在。事情被发觉之后，审判案件的官员认为此事有疑点，就判定是三年的疑狱，然后就放了雷乙。苏天爵说："这件事只过了两年半。况且如果雷乙没有杀人，为什么他的衣服上有污血呢？他又怎么知道水里有斧头呢？他住的地方离杀人的地方特别近，这怎么能说是疑狱呢？"然后苏天爵就重新审理了这个案件，最终雷乙服法。

　　常德有三个老百姓，分别叫卢甲、莫乙、汪丙。其实这三个人和上一个案子的文甲、雷乙一样，他们的名字必然不是真的叫甲、乙、丙，而是普通老百姓不像文人大臣那样又有名字又有号，老百姓平常互相称呼的大概是父母小时候给取的小名。小名难登大雅之堂，他们又没有上学，没有先生再给取个学名，于是办案的时候就临时给他们的姓后加上甲乙丙丁，以示区分。

卢甲、莫乙、汪丙三人一起给人当佣工。一天，卢甲不小心掉进河中淹死了。卢甲的弟弟是个僧人，想霸占卢甲的妻子，没有成功，就诬告是莫乙和卢甲的妻子私通了，莫乙因为奸情的缘故杀掉了卢甲。

莫乙没能证明自己的清白，在昏庸的审案官员的压力下，被迫承认是自己打死了卢甲，弄断了卢甲的头扔在草丛间，而卢甲的尸体和他行凶用的木杖都扔在了谭氏的家沟中。衙役去搜索，果然找到了一个骷髅，但是没有找到尸体和木杖。而谭氏曾作证说，曾经看到一具尸体，顺水漂去了。

苏天爵说："尸体和木杖即使现在还在，过了八年，也没有不腐烂的。"然后他召来谭氏，仔细盘问，结果发现了问题，卢甲死之前，谭氏的眼睛已经失明了，她说她曾经看见一具尸体顺水漂去就一定是伪证了。于是苏天爵对官吏说："这是疑狱，而且不止三年了。"然后就按照当时的规定，把莫乙给放了。

元朝末期 | 大元御史苏天爵

苏天爵到湖北考察，平反的冤案一共有八件，又揭发了很多豪强和地方官员勾结违法的事情，政绩卓然，声名远播。于是，苏天爵被调入京师做监察御史，后来又改做奎章阁授经郎。

元统元年（1333年），苏天爵又被任命为监察御史。在任的四个月里，他弹劾的人中有五个都是权贵，而他推举的人多达一百零九个，涵盖面很广，外官下吏、草泽之士中的贤人他都没有遗漏。苏天爵上的奏疏也多达四十五件，后来黄溍读到这些奏稿，不禁感慨说："读到这些文章，我才知道当今天下并没有缺乏人才啊！"

至元六年（1340年），朝廷更换了宰相，朝廷的事务很多都废弛了，而元顺帝励精图治的意愿很强烈，苏天爵就殚精竭虑地为皇帝日夜谋划，头发、胡须都变白了。

至正五年（1345年），苏天爵奉命巡视京畿道。他大力纠察贪官，纠察弹劾了近千人，但此举得罪了当时的丞相。丞相以他不称职的由头把他罢免了。过了两年，顺帝才发觉苏天爵是被冤枉的。

至正十二年（1352年），红巾军起义波及江东，而那时苏天爵正好在那做官，他就调动军队进行抵抗，但他却因为思虑过多，忧愁深积，病死在军中。大元御史苏天爵就这样结束了自己为国为民的一生。

宋有包青天，元有苏天爵。封建时代，封建官僚压迫百姓是常态，但是多一些如苏天爵般的清官，少一些贪官污吏，或多或少能减少一些冤狱，

> **知识链接**
>
> **大雅之堂**
>
> 大雅之堂，形容某些被人看重的、高雅的事物，或者是指高尚雅致的地方。"难登大雅之堂"的意思就是进不了文雅高贵的场所，比喻粗俗不文雅。

▲ 景德镇窑蓝釉描金折枝花、朵云纹匜

让百姓们的痛苦减少一些。

可是元朝末年政治腐败,世道混乱,大元王朝正在走向灭亡,历史的车轮滚滚前行,并不是区区一个御史所能挽回的。

诗人杨维桢

元朝的文学以元曲著称,但诗歌在元朝也很兴盛,并且出现了一代诗人杨维桢。他一方面以诗才闻名于世,一方面因为他始终忠于元朝,不在明朝做官,而受到世人包括明朝重臣宋濂的尊敬。

杨维桢,字廉夫,出生于元贞二年(1296年)。杨维桢的出生很有传奇色彩,据说他的母亲梦到从月亮上掉下了金钱,落到自己的怀里,然后就生了杨维桢。

杨维桢的父亲对儿子的教育也非常重视,他为了让杨维桢好好读书学习,在铁崖山上建了一栋小楼,绕着小楼种了梅花百株,楼内藏书数万卷,然后把上楼的梯子给撤掉了。

杨维桢在楼上读了五年书,每天吃饭都是用绳子将饭菜吊上去的。因为这段经历,杨维桢给自己起了"铁崖"这个称号。他和陆居仁、钱惟善合称"元末三高士"。在当代学者中,有人称杨维桢为"元末江南诗坛泰斗"。

元朝末期 | 诗人杨维桢

　　元末是个兵荒马乱的年代，杨维桢避乱富春山，后又迁到钱塘。张士诚屡屡招他出山，他都没有去。之后他到了松江，与当时著名的文人杨谦、陆居仁、吕良佐等交往甚深，吟咏唱和，诗赋相乐。吕良佐倡议成立"应奎文会"，请杨维桢为主评，与天下文人墨客切磋诗文，一时天下学士慕名前来赴会者，不可胜计。

　　他又周游山水，头戴华阳巾，身披羽衣，坐在船上吹起铁笛，还作了《梅花弄》的曲子，又叫侍童唱曲，自己为侍童配乐。酒酣以后，杨维桢婆娑起舞，恍然之间大家都以为他是神仙中人。

进入明朝之后,明太祖朱元璋召见儒生,让儒生们纂修关于礼仪制度的书。因为杨维桢是前朝遗老,文学成就斐然,朱元璋就派翰林詹同带着金银和布帛登门去请杨维桢出山。可是杨维桢婉言谢绝,他说:"哪有老妇人行将就木时又再改嫁的呢?"就这样,他以老妇不改嫁自比,表明了自己不仕二朝的决心。

第二年,朱元璋又派官员来催促他。杨维桢就作了一首《老客妇谣》,跟朱元璋讨价还价:"皇上让我做我能做的事情,不强求我做我不能做的事情,我还可以去,如果不是这样,我宁可跳海而死。"

朱元璋答应了他,但杨维桢在朝廷待了一百多天,又请求回家了。朱元璋同意了他的请求。主持编修《元史》的宋濂就赠诗给杨维桢,诗中有"不受君王五色诏,白衣宣至白衣还"的句子,对杨维桢的评价很高。

杨维桢回家后不久就去世了。

杨维桢为人宽厚,对朋友非常忠诚。对出身贫贱而有才德的人,他就像对待老师一样尊敬他们;可是对于没有才德的人,即使是王公显贵他也白眼相对。

他平常喜欢说别人的优点,尤其不计较别人的小过失。特别是对学有长进的青年,即使是一段文字写得漂亮,一首诗写得不错,他也要为他们的诗文写上自己的点评,并把他们的诗文贴在房屋的墙上,让来往的客人都看得见。远近的人都称道杨维桢是一个忠厚长者。

可是杨维桢性格直率,行为狂放不拘礼法,这

> **知识链接**
>
> **行将就木**
>
> 行将就木指人的寿命将尽,就要进棺材了,出自《左传》:"我二十五年矣,又如是而嫁,则就木焉。"

元朝末期 | 诗人杨维桢

种性格并不适合做官,因此他的仕途很不顺利,可是他并不把这当回事。

杨维桢还很爱喝茶,可以说得上嗜茶如命,他的散文《煮茶梦记》写得优美绝伦,记述了他梦中煮茶的趣事:

有一年冬天,杨维桢读书读到半夜,忽然向窗外望去,只见窗前月光明亮,数枝梅影在窗前摇曳不息。看到如此美景,杨维桢突然来了兴致,想要一边赏景,一边品茶。于是,他叫书童打来泉水,取出茶叶,然后点燃竹炉慢慢烹茶,自己则在一旁静静看着这美好的一幕。

没想到,不知不觉中杨维桢伴着咕嘟咕嘟的沸水声进入了梦乡。他感觉自己浑身轻飘飘的,仿佛置身于一片云雾之中,然后他就到了一个光辉灿烂的堂上。

杨维桢

堂上悬挂着香云帘，中间设着紫桂榻，其他景致也美不胜收，杨维桢因此作了一首《太虚吟》："道无形兮兆无声，妙无心兮一以贞……"吟完，就有仙子捧着美酒来了，仙子自称淡香，小字绿花，说美酒能延年益寿，劝杨维桢喝完了。

然后，杨维桢作了一首词送给仙子，词中有"心不行，神不行，无而为，万化清"之句。仙子也回赠一首歌："道可受兮不可传，天无形兮四时以言。妙乎天兮天天之先。天天之先复何仙。"歌唱完，白云渐渐消失了，仙子也化作一阵白烟，飘然而去。

杨维桢忽然醒了过来，才发觉原来是一场梦。此时月光依然那么明亮，从梅花之间投出光辉，一切都没有变化，唯有梦中的仙境刻在杨维桢的脑海之中了，然后他就把这段梦境写成了《煮茶梦记》，成就了茶史上的一段佳话。

> **知识链接**
>
> **《老客妇谣》**
>
> 老客妇，老客妇，行年七十又一九。少年嫁夫甚分明，夫死犹存旧箕帚。南山阿妹北山姨，劝我再嫁我力辞。涉江采莲，上山采蘼。采莲采蘼，可以疗饥。夜来道过娼门首，娼门萧然惊老丑。老丑自有能养身，万两黄金在纤手。上天织得云锦章，绣成愿补舜衣裳。舜衣裳，为妾佩，古意扬清光，辨妾不是邯郸娼。

脱脱修史

中国古代历来都有编修史书的传统，元朝编修了《辽史》《金史》《宋史》三部史书，记录了前朝的历史。这三部书是在元末编修而成，主持编写的官员就是元朝的宰相脱脱。

关于辽、宋、金三朝谁为"正统"的问题，历来争论不休，影响历史的修撰，而脱脱主张把谁是正统问题放在一边，分别撰写辽、宋、金三史，终于平息了争论。

脱脱，字大用，是蒙古蔑儿乞部人，1314年，他出生在一个地位显赫的蒙古贵族家庭里。他的伯父伯颜在元顺帝妥懽帖睦尔即位后任中书右丞相，把持朝政达八年。脱脱的父亲马札儿台自元仁宗以来也身居要职。

脱脱从小在伯父伯颜家里长大，他从小文武双全，少年时的脱脱臂力过人，能挽弓一石，是一位将才。他最初跟随名儒吴直方读书，吴直方后来成了脱脱的心腹幕僚。

教脱脱读书时，吴直方这样教导他："让脱脱一整天正襟危坐地读书，还不如每天记诵古人的嘉言善行，然后以他们为榜样来生活啊。"在吴直方的谆谆善诱下，他接受了许多儒家文化。

脱脱在铲除元朝末年权臣伯颜的行动中发挥了重要作用，于是到了至正元年（1341年），脱脱果然得到了重用，他被元顺帝任命为中书右丞相、录军国重事。

脱脱得到重用后，就废除了一系列"旧政"，推行新政，史称"更化"。当时，妥懽帖睦尔励精图治，十分信任脱脱，也支持脱脱改革，脱脱的老师吴直方帮助脱脱出谋划策，共同推动改革。

脱脱恢复了科举取士，恢复了四季祭祀太庙的礼仪。他还设置了宣文阁，开设御前经史讲座，挑选儒臣来给皇帝讲课，以此来对皇帝进行传统的经史教育。之前伯颜执政的时候，四处迫害、打击异己，

> **知识链接**
>
> **宣文阁**
>
> 宣文阁最初叫奎章阁，奎章阁设置于元文宗年间，在元顺帝被废除，1341年改为宣文阁，后又改为端本堂。宣文阁主要用来陈列珍玩，储藏书籍，收藏了很多古器物和图书，是皇宫中的重要宫殿。

▼ 元代青花花卉纹鼎

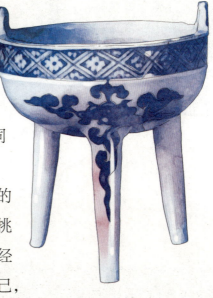

修史并不是凭空创作，而是借鉴前朝已有的史料进行编写

中国历来对修史就非常重视，几乎每个朝代建立后，都会重修前朝的史书。这样一方面可以树立自己政权的合法性，另一方面可以在史书中统一思想，有利于国家统治

脱脱为了缓解统治集团内部的关系，解决蒙古贵族内部不和的问题，为郯王彻彻秃平反，又召还了宣让、威顺二王，让他们居住在以前的藩地。他还开放马禁，减少盐税，整顿吏治。一时之间，大家都夸脱脱是贤相。他还试图兴修水利，但因为征用了太多老百姓，弄得老百姓怨声载道。

脱脱任丞相时还有发行新纸币之举。后来红巾军起义爆发，脱脱还曾亲征徐州。但是脱脱也渐渐不被元顺帝信任，最终被罢官流放，流放途中又被奸臣哈麻伪造圣旨赐死。

脱脱短暂的一生中一个重要的贡献就是主持《辽史》《宋史》《金史》的修撰。三史的纂修开始于元顺帝至正三年（1343年），翰林兼国史院专门设置了史局，从各衙门抽调人员，然后脱脱是修史活动的总裁官。第二年就先后修成了《辽史》一百一十六卷、《金史》一百三十五卷。又过了一年，《宋史》告成，多达四百九十六卷。总的来说，《辽史》和《金史》纂修很规范，叙事精要，而《宋史》资料丰富，三史的水平还是很高的。三史各立帝纪，独立成书，淡化了正统之争。但是，短时间修出如此规模巨大的《宋史》，讹误在所难免，不少后人因此而非议《宋史》。

脱脱虽然没有直接参与三史的撰写，但正由于他推行改革政策，伯颜专权时辞官回家的儒臣才纷纷应召进入国史馆，进行修史活动。在他的主持下，修史官中还有很多畏兀儿、哈剌鲁、唐兀、钦察等族的学者。如此众多的少数民族学者参加修史，这

> **知识链接**
>
> **大义灭亲**
>
> 大义灭亲指为了捍卫正义，即便犯罪的人是自己的亲属，也要秉公办理，将其绳之以法。
>
> 出自《左传》："大义灭亲，其是之谓乎？"

▲ 元代青花八卦纹筒形香炉

元朝末期 | 脱脱修史

在全部二十四史的修纂中仅此一例。三史分开撰写，各为正统，一律平等对待，也是脱脱的功劳。脱脱贵为丞相，也是在他的主持下，修史的经费得到了保障。脱脱这位总裁官用人得当，措施有力，促成了三史的快速完成。

脱脱是元朝末期蒙古贵族集团中少见的有见识、有能力的宰相，权臣伯颜是他的伯父，他也不惜大义灭亲。虽然他推行了一些有利于社会发展的措施，但终究不能挽救垂死没落的元朝，而他主持修撰的三部史书却泽被后世。

> **知识链接**
>
> **翰林兼国史院**
>
> 翰林兼国史院主要职责是纂修国史、典制诰、备顾问，配备6名承旨，另外有学士、侍读学士、侍讲学士、直学士各2名。
>
> 蒙古翰林院还设有新字学士，使用八思巴字草拟或翻译诏敕。

闯关小测试

→ 1. 元朝最后的大将是（ ）
　　A．脱脱　　B．扩廓帖木儿　　C．孛罗帖木儿　　D．伯颜

→ 2. 诗人杨维桢擅长哪种乐器？（ ）
　　A．古筝　　B．琵琶　　C．铁笛　　D．二胡

→ 3. 以下哪本书不是脱脱编写的？（ ）
　　A．《宋史》　　B．《辽史》　　C．《书史会要》　　D．《金史》

参考答案：1.B　2.C　3.C

历代帝王世系表

元

元

/ 1206—1368

太祖 （1206—1227）

拖雷（监国）（1228—1228）

太宗 （1229—1241）

乃马真后（称制）（1242—1246）

定宗 （1246—1248）

海迷失后（称制）（1249—1251）

宪宗 （1251—1259）

世祖 （1260—1294）

成宗 （1295—1307）

武宗 （1308—1311）

仁宗 （1312—1320）

英宗 （1321—1323）

泰定帝 （1324—1328）

天顺帝 （1328—1328）

文宗 （1328—1332）

明宗 （1329—1329）

宁宗 （1332—1332）

顺帝 （1333—1368）